品成

阅读经典 品味成长

个人 个
IP变现

粥左罗　著

运营 故事 平台 定位 个人IP 涨粉 运营 爆款 创新
内容 爆款 坚持
知识付费 人设 关注 涨粉 知识付费
IP 涨粉 定位 爆款 关注 公开 营销 自媒体
故事 故事 案例 酷 坚持 平台 受众 用户 个人IP 酷
自媒体 变现 案例 酷 定位 策划 创新 坚持

人民邮电出版社

北京

图书在版编目（ＣＩＰ）数据

个人IP变现 / 粥左罗著. -- 北京 ：人民邮电出版社，2024.1（2024.6 重印）
ISBN 978-7-115-63328-6

Ⅰ．①个… Ⅱ．①粥… Ⅲ．①品牌营销 Ⅳ.①F713.3

中国国家版本馆CIP数据核字(2023)第225441号

◆ 著　　　粥左罗
责任编辑　袁　璐
责任印制　陈　犇

◆ 人民邮电出版社出版发行　　北京市丰台区成寿寺路 11 号
邮编 100164　　电子邮件 315@ptpress.com.cn
网址 https://www.ptpress.com.cn
北京联兴盛业印刷股份有限公司印刷

◆ 开本：880×1230　1/32
印张：8.625　　　　　　　　　2024 年 1 月第 1 版
字数：168 千字　　　　　　　2024 年 6 月北京第 9 次印刷

定价：59.80 元

读者服务热线：（010）81055671　印装质量热线：（010）81055316
反盗版热线：（010）81055315
广告经营许可证：京东市监广登字 20170147 号

个人 IP 的打造与经营，是一生的美好修行

　　大家好，我是粥左罗。凭借在互联网上经营个人 IP，我拥有了今天的一切——事业、影响力、财富、朋友和美好的生活。

　　如今，我也在努力向更多人普及打造与经营个人 IP 的方法和经验。为此，我创立了一个社群。今年已经是做这个社群的第三年了，每年都有数千人一起学习，我准备把这件事一直坚持下去。因为个人 IP 的打造与经营，是一生的美好修行，我希望更多人能够参与进来。打造个人 IP 绝不仅是创业者、网红、自媒体人的专属，它是这个时代每个人都应该做的。

　　打造个人 IP，究其本质是什么？就是把自己产品化之后再品牌化。

　　每个人都是一个产品，你的"产品使用者"是你的领导、你的员工、你的合作伙伴、你的家人、你的朋友……成为一个更好的产品，更有价值的产品，是我们每个人的追求。产品化后，我们可以

更进一步——品牌化。每个人也都是一个品牌。

"粥左罗"如今已经品牌化，是一个教人写作的品牌，教个人成长的品牌，教人做自媒体的品牌。十年后，如果我不教写作，不教个人成长，不教大家做自媒体了，我依然可以很好地生存，因为"粥左罗"本身依然是个品牌，是个被人知道、信任、喜欢的品牌。

把自己品牌化，究其本质是什么？是让更多人知道你、让更多人喜欢你、让更多人信任你，最终，让更多人愿意跟你合作，与你同行。不管你是投资人、创业者，还是高管、职场员工，品牌化都具有重要的商业价值。因为这意味着你的机会更多，资源更多，成功的可能性更大。

因此，打造个人 IP，把自己品牌化之后，我们就可以提高自己的商业价值，具有更强的市场竞争力。当获客越来越难、成本越来越高时，你可以低成本甚至零成本获客；当转化成交越来越难时，你可以借 IP 势能和品牌声誉保持高转化率；当守住事业比创业更难时，你因为已经品牌化所以能持续经营。

打造个人 IP，把自己品牌化，有一个巨大优势：你的一切都是可持续积累的，包括你的客户、你的影响力、你的声誉、你的信任、你的成绩等。今年我接受采访的时候，对方问："现在挣钱似乎越来越难了。过去六年，哪一年您的业务最好，收入最高呢？"我的回答是今年。虽然外部环境不乐观，但我每一年依靠的不仅是当年的产品，还在享受过去产品和效益的累加。这种累加，即便每年的增速在下降，但总体依然在增加。只要我不破坏这个信任，这个积累就会一直持续下去。

这是一个不断累加的"无限游戏"。在充满不确定性的时代，将自己产品化和品牌化，将自身行为转化为可积累用户信任、影响力和声誉的行动，是对抗不确定性、穿越周期的一种非常好的方式。

其实我想说的是，打造个人IP不仅商业价值极高，更重要的是这是一生的美好修行。因为当你决定要把自己品牌化时，即要让更多人知道你、喜欢你、信任你，你自然就会在各个方面以更高的标准要求自己，你会不断地学习和成长，不断地完善自己，迭代自己，重塑自己。在时间的长河里，你注定会越来越好。打造个人IP，不是某一个阶段的事情，是一生的美好修行。

最后，我想再简单说一下这本书。

打造个人IP是一门专门的学问，不用心学的话，你可能会无从下手，这也是我出这本书的意义所在。我把这几年最核心的一些方法和经验整理出来，系统地呈现给你，希望帮助你更好地打造个人IP。

这本书干货满满，诚意十足，是我从八年个人IP打造与经营的实践中提取出来的有效经验。希望你不要快速翻一遍就把它扔在一边了；希望这本书能常伴你左右，切实地帮助你解决问题。

但是这本书肯定不是万能的，也不是完美的。个人IP的打造与经营是一门新的学问，逐步诞生于过去十年移动互联网和内容产业的发展过程中。我也是一个摸着石头过河的人，一边做，一边总结，一边输出，只要这本书能引领你走上这条路，并对你产生一点点作用，我写这本书的目的就达到了。同时也希望你通过这本书链接到我，加入我的社群大家庭，我们一起探索，长期同行。我的公众号和视频号的名字均为"粥左罗"，欢迎搜索关注，让我们共同成长。

粥左罗

2023 年 11 月 9 日

目　录

第一章

流量变现的底层认知

第一节

流量：你的流量有没有商业价值

流量是什么？

其实是时间和注意力。

比如我关注一个公众号，花了 10 分钟的时间看这个公众号的文章，就等于这个公众号获得了我 10 分钟的时间和注意力。用户的时间和注意力会产生商业价值。当我们探讨流量有没有商业价值的时候，我们探讨的其实是流量背后的"人"带来的商业价值。

假设你同时关注了"粥左罗"和"刘润"两个公众号，同样是花 10 分钟看公众号文章，可能你在"刘润"这个公众号上产生的商业价值就要比"粥左罗"高 30%。也就是说，即使你不变，你的 10 分钟所产生的价值也会不一样，因为流量的价值是由双方共同决定的。

一、流量的规模大小

（一）单个流量和聚合流量

流量的规模大小决定了流量是否具有商业价值。单个流量的商业价值或许没有那么高，多个流量聚合在一起就能创造更高的商业价值，也就是 10 个 1 加起来大于 10。

比如，一个知识 IP 出售自己的课程、训练营和社群，采用哪种销售方式转化率最高？如果在直播间、公众号、朋友圈这 3 种媒介中进行选择，那在直播间的转化率相对而言是最高的。整体来说，直播间的转化率高于公众号，公众号的转化率高于朋友圈。

这是为什么呢？假设你打开这个知识 IP 的公众号，想购买课程。在这个场景下，你不知道有没有其他人在下单，不知道有多少人对这门课程感兴趣。或者你在刷朋友圈时，看到朋友在推荐一门课程，你其实特别想了解其他人如何看待这门课程、其他人是否想购买、有多少人已经购买等信息。但你看不到这些信息，因为朋友圈是一个比较私密的空间。但是直播间把人聚在了一起，每个人的反应都会成为其他人反应的条件或者触发器。

假设我在直播间里发售新课，每看到一个人下单就说"感谢××同学下单"，这就会对其他人产生刺激作用。当我说"感谢今天直播间里下单的 100 位用户"时，正在看直播的人就会知道有多少人购买了这门课程。这是一种信任的传递。

在直播带货盛行之前，很多人常用的销售方式是群发售，即在一个微信群里销售自己的产品，通常销售者会设置一个接龙小程序，请购买的人将自己的序号和名字发到群里。这样群里的每个人都可以看到接龙在不停地更新。当你看到接龙越来越长时，就知道购买该产品的人在不断增加。但如果在朋友圈或者公众号销售产品，我们看不到这种信息。

同样的道理，过去我们看一本杂志的某一篇文章时，并不知道有多少人看过这篇文章，也不知道有多少人喜欢这篇文章、别人如何评价这篇文章；但在公众号上看一篇文章，我们可以看到别人的评论，就会知道他们对这篇文章的评价。公众号也好，直播间也好，短视频也好，当评论区开放后，用户的行为就会互相产生影响。很多人刷短视频时，特别喜欢做的事就是打开评论区，看看别人都在评论什么，看看热门评论是什么，等等。我们进入一个卖东西的直播间，也会去观察一下其他人是否准备或正在下单。

当有了这个核心认知，大家就知道如何利用已有的流量开发出更高的商业价值了。

在大多数人看来，流量的规模越大，能创造的商业价值就越高。如果每个人给我 1 元，那有 10 个人分别给我 1 元，我就有了 10 元；有 1 亿人分别给我 1 元，我就有了 1 亿元。这里给大家提供一个新的角度：如果把更多的人聚在一起，让大家的行为互相影响，就会产生更高的价值。

（二）流量规模具有价值展现力

聚合流量可以创造比单个流量更高的价值，即流量规模具有价值展现力。那我们判断规模价值的标准是什么呢？

1. 阅读量四位数

做一个公众号，我们至少应该把阅读量提到四位数。

很多人可能没有从这个角度思考过。如果一个公众号的阅读量是两三百、四五百，这个公众号就会给人一种内容的说服力不强的感觉，其获得的用户信任度和认可度就会差一些，其 IP 的专业性和权威性也会大打折扣。

当用户点开一个公众号，发现这个公众号的文章阅读量是四位数或以上时，用户至少会觉得这个公众号是一个相对成规模的平台，会认为这个公众号有价值。如果一个公众号的文章阅读量只有两位数或三位数，那用户基本不会对这个公众号产生过高的价值期待，甚至都不愿意关注这个公众号。

人很多时候容易被数字欺骗。比如我们点开一篇文章，可能本来没觉得这篇文章有多好，但看到最后发现阅读量超过了 10 万、点赞量超过了 2000，这时我们就可能会怀疑自己的判断。阅读量这么高，说明这篇文章不错，我们可能会开始劝自己相信这篇文章很好。反之，有时一些粉丝量少的 IP 写的文章有很多干货、很实用，比很多著名 IP 写的文章更有价值，但当我们看到它的阅读量只有几十或者几百时，我们很可能会判定这篇文章没那么好。

虽然阅读量并不是衡量文章质量的唯一标准，但确实在某种程度上体现了文章的质量，所以我们不能不关注阅读量。对于阅读量，四位数是最低标准，一旦阅读量变成三位数，公众号对用户的吸引力就会变得很低。

2. 点赞量三位数

这里的点赞量针对的不是公众号，而是短视频平台。公众号以阅读量为核心，但抖音、视频号、小红书等平台都以点赞量为核心，这就需要做到让点赞量达到三位数。

刷短视频的时候，我们会情不自禁地把目光放到短视频的点赞量、评论数、收藏数上，尤其是点赞量。我们刷到点赞量很高的内容，往往就会想一看究竟；而刷到点赞量很低的内容，可能很快就滑过去了。

3. 销量三位数

我们要尽量让销量达到三位数，这样才更能让用户判定这个产品值得买。

假设卖一箱牛奶，产品链接显示有 158 人下单；卖一门课程，产品链接显示有 365 人购买；卖一个社群，产品链接显示有 198 人付款……用户看到之后就可能会觉得这些产品有价值，被大家验证过了，可以买。当然，能把产品销量做到四位数更好，这样产品的吸引力就更强了。为了做到这一点，很多人卖新品时会使用低价策略：最开始先用非常低的价格出售产品，使销量快速涨起来。

如果你是一个中腰部 IP，开发了一门课程，准备推向市场，那第一步要做什么？

第一步，不要公开推广，先在你的私域流量里以比较低的价格销售这门课程。比如 5 折销售，在比较短的时间内让这门课程的销量达到三位数，然后再公开推广。这样在你把课程公开推广出去、用户点进来的时候，这门课程就是一个销量达到三位数的产品，其他用户的信任度、购买积极性会更高。例如，我的课程通常是以一个链接持续销售，这样销量就会较快累计起来。用户在点开课程链接的时候，会发现这是一门已经卖了几千份的课程，自然会觉得这门课程经过了市场验证，是值得购买的。

二、用户的消费能力

（一）打造高价值人设

公众号"黎贝卡的异想世界"一条广告的报价可能是几十万元，公众号"粥左罗"一条广告的报价可能是五六万元，因为"粥左罗"的阅读量没有"黎贝卡的异想世界"的高。但就算是拥有一样的阅读量，"粥左罗"一条广告的报价也达不到几十万元。因为流量的价值还跟领域、细分赛道和内容有关。

"黎贝卡的异想世界"平时做的都是高商业价值的内容，其用户的消费能力决定了这个账号的流量价值高。她的用户消费能力强，是因为她平时发的内容本身就是高商业价值的内容。

我经常说："如果要拍短视频，就好好拍，让自己呈现的内容很有价值；如果要在公众号上写文章，就好好写，不要想起什么就写什么，也不要随便起标题，不要胡乱排版。"因为内容的质量决定了用户的质量，只有内容更有价值，才会吸引更有价值的用户。

"黎贝卡的异想世界"的内容一般涉及美妆用品、车子、房子等高价值产品，看这些内容的人大多也是能消费这些产品的人。从这个角度来说，我公众号的流量的商业价值肯定比不过"黎贝卡的异想世界"。个人成长类的公众号主要讲的是学习方法、成长经验、思维认知，这些内容呈现出来的商业价值显然不如房子、车子更高。

（二）打造高价值内容

这里所谓的高价值内容，是指离消费更近的内容。

什么是离消费更近的内容？简单来说，就是可以刺激消费的内容。比如有些美妆博主拍自己化妆的过程，可能一条视频只获得了几百个赞。虽然点赞量不高，但其流量很有商业价值，因为这些化妆视频就是离消费很近的内容；而如果拍一条低俗的视频，可能这条视频能获得更多的关注，但是这样的内容离消费很远。

了解我的读者都知道，我平时会在文章、短视频或者自我介绍里强调自己北漂几年，从月薪 5000 元做到了年收入千万元，并在北京买了房子。为什么要强调这一点？其实强调自己的收入高很俗，我有时候也不愿意讲，但是一些用户特别认可这些。因为我只有展示出自己收入高，才能增强用户的信任感。如果我对自己的收入情况、资产情况缄口不言，那用户很可能会认为我的商业能力不行。如果不去表达或展示，我很可能会错失自己想吸引的那批用户。对大多数普通人来说，最重要的事情之一就是赚钱，这是一个很现实的问题。虽然很多人不愿意承认，但人们通常更倾向于关注比自己更有实力、更优秀的人。

有一个现象叫"分层追随"。比如，事实上大部分普通人很少看柏拉图或者尼采的作品。真正看柏拉图和尼采的作品的人，可能只占社会总人口的 1%，那为什么这么多普通人会买这些作品呢？因为这 1% 的人往往是高层次的学者、政治家、企业家等，他们说柏拉图、尼采的作品很好，这个观点就会影响其他许多人，比如一些知识分子、各个领域喜欢学习的人；这些人开始去读柏拉图和尼采的作品，同理，更多的普通人也会"追随"这些人。

站在金字塔塔尖的人不直接影响最底层的人，而是第一层影响第二层，第二层影响第三层，第三层影响第四层……最后的结果是站在金字塔塔尖的人得到了下面所有人的关注。但这种关注是分步进行、慢慢渗透的，而不是在金字塔塔尖一有人出现，最底层的人直接就去关注。

三、IP 的核心卖点与消费的距离

什么是 IP 的核心卖点？用一个现在比较流行的说法来讲，就是"流量密码"。

　　抖音上有一个博主，她的账号是"苏建军"，她是吹唢呐的，但吹得完全跑调。为了让别人知道她在吹什么，她会先哼出旋律，再拿着唢呐吹。这就是她的"流量密码"，也是她这个IP的核心卖点。

　　她靠这种搞笑的方式获得大家的关注，有人评论："你怎么那么厉害？你是怎么做到吹了3年都没有任何进步的？"

　　一个IP凭借什么内容吸引用户的注意力，就决定了其商业价值的高低。有一些卖化妆品、卖首饰的直播间，在线人数并不多，但是销售额非常可观，这是因为其用于吸引用户的内容很垂直，离消费的距离近。

　　穿搭博主拍穿搭视频，美妆博主拍自己化妆的视频，汽车博主拍试驾各种汽车的视频，等等，这些就是他们各自的"流量密码"，是吸引用户注意力的"核心武器和工具"，在很大程度上决定了其流量是否具有商业价值。

　　理解了这一点，再去抖音上观察，就知道哪些内容的流量有商业价值，哪些内容的流量没有。对于有相同点赞量的视频，有些视频的商业价值可能是其他视频的很多倍。

　　比如，李雪琴之所以火，因为她的"流量密码"是用比较幽默、接地气的说话方式和表情讲段子。有了综艺节目的加持，她的人气就更高了，但她的内容本身离消费相对比较远。

　　考虑IP的核心卖点与消费的距离，本质上就是要以终为始地思考。了解这一点之后，我们在做自己的内容时，就不能只想着怎么增加流量，还得考虑内容和消费之间的距离。

比如，我的人设是一个靠写作、做自媒体实现"逆袭"的普通人，这决定了我的商业模式就是做培训、做课程、做社群、做训练营。

同样是职场博主，假设一个是靠蹭热点、激起用户情绪来吸引流量，进而把账号做起来的，另一个是靠分享认知、方法论来积累流量的，即便双方都有 100 万粉丝，后者的商业价值肯定远大于前者。

从这个角度来说，这个世界其实很公平，越容易得到的流量可能越没有商业价值。你非常认真地花时间去分享干货、总结经验，写对读者有用的内容，可能很难在短时间内获得大批量的粉丝，但你所获得的粉丝往往能为你带来更大的价值。如果你做的是更有价值的内容，就能吸引到更有价值的用户。

比如，抖音上有两个健身博主，一个叫"Super 小武"，一个叫"麻豆爱健身"，相比之下后者的流量的商业价值就更高一些，为什么呢？

因为"Super 小武"是做街头健身内容的，只是单纯地展示高难度的健身动作。当他觉得自己做某个健身动作很厉害时，就拍出来展示给大家，这是他这个 IP 的吸引人之处。他靠展示这些健身动作获得用户的关注，但这也决定了他离消费比较远。

但是"麻豆爱健身"这个账号的流量就有很高的商业价值。她的核心卖点不是展示高难度的健身动作或者展示自己的肌肉，她拍的是自己穿着专业的衣服，在专业的健身房中使用专业的健身器材进行健身的视频。她展示的是大家向往的一种爱健身、爱运动、精致、健康的生活方式。

四、IP 的信任力

（一）专业性

任何一个领域的 IP 都要显示出该领域的专业性，哪怕你是一个拍搞笑视频的博主，也要展示出你的表达能力和表演技巧是非常专业的。所以，我们平时发文章、发短视频，一定要直接或间接地展示出自己的专业性。但是，很多人销售的商品和他展示出来的专业性是不匹配的。

比如，有的健身博主体脂率很低，身材也很好，但可能没有多少人会从他那里买健身器材，因为他的健身视频展示出来的更多的是他的坚持和刻苦，而不是他在健身领域的专业性。相反，有的健身博主的带货能力很强。因为每次直播时，他都会很专业地讲解健身知识点，告诉用户饮食应该如何搭配，应该如何安排休息，练习的强度如何安排，等等。看了他的直播，大家会觉得他在健身方面是专业的，从而愿意在他那里购买产品。

（二）人品

我们可以思考一个问题：在知识付费领域，为什么有那么多 IP

取得了成绩，我们也觉得他们很专业，但就是不想买他们的课程、社群和训练营呢？这可能是因为你不够喜欢和信任他，你觉得他有很多"套路"、营销过度等。

那我们在运营自己的 IP 时应该怎么做呢？

查理·芒格说过："如果我知道我是在哪里死的，我永远不会去那个地方。"我们若有一个不喜欢的 IP，运营自己的 IP 的时候就应该思考"我为什么讨厌他？"，然后提醒自己：我不能像他那样做。

一个 IP 的信任力，永远跟人品挂钩。

（三）了解

用户对 IP 的了解程度也会影响其流量的商业价值。简单来说，用户对 IP 越了解，IP 的流量的商业价值越高。当然，以上都要建立在整个系统配合运作的基础上，仅有用户的了解是不够的。

我们观察一些自己喜欢的博主，会发现他们通常都有一个特点：喜欢全面地、立体地展示自己。

做个人 IP、做自媒体，不要害怕展示自己。有些人永远都在避免谈论自己，但所有好的 IP 都很会展示自己，而不是只展示他所在行业的内容，也不是只展示专业技巧。

像马斯克、俞敏洪这些人，他们的形象都是很丰富、很立体、很全面的，他们不只给用户讲知识、讲行业见解，还展现了自身的很多方面，用户基于对他们的了解而信任他们。了解得越多，信任度就越高，他们的流量的商业价值自然就越高。

五、IP 的认知度

一个 IP 的流量规模很大，用户消费能力很强，核心卖点离消费很近，也有信任力，这个 IP 就一定能轻松变现吗？答案是不一定，因为流量的商业价值还取决于用户对 IP 的认知度。IP 的认知度主要受 4 个因素影响。

（一）频率

一个 IP 想提升用户对自己的认知度，就得保证一定的更新频率，要经常出现在用户面前。

以我为例，如果想提升用户对我的认知度，我应该每周做一两次公开直播，我的公众号每天都要发文章，我的短视频账号也要持续更新。如果我一段时间不更新，用户可能就会遗忘我，转而关注其他博主。

用户的时间总是要花出去的，不花在你身上，就花在别人身上。花在你身上的时间越少，花在别人身上的时间就越多，那用户对你的喜欢和信任就会大打折扣。

（二）深度

关于认知深度的规律比较简单：看一条朋友圈不如看一条短视频，看一条短视频不如看一篇文章，看一篇文章不如看一场直播，看一场直播不如学一门课程，学一门课程不如看一本书。这是认知深度由浅到深的过程。

你影响用户的内容分量越重，用户对你的认知就越深。做 IP，不能只输出碎片化、"短平快"的东西，还得输出一些有深度的内容。

现在很多知识博主都会做年度演讲，例如刘润有年度演讲，吴晓波会做年终秀，罗振宇每年有跨年演讲。这种有深度、有厚度的内容对用户的影响是极大的。

（三）形式

形式指内容的呈现形式：文字、音频、视频、直播等。

我们要尽可能用多种形式触达用户，这样才能让用户对我们的认知更精准。只看你的文字，用户可能只了解你的思想；如果能看你的直播，用户就可以面对面地观察你、了解你；如果能够在线下互动，效果就又不一样了。

（四）时间

时间是一个很重要的影响用户对 IP 的认知度的因素。IP 影响用户 3 年和影响用户 3 个月，用户对 IP 产生的信任、好感和黏性肯定不一样。有些人一直听我的课，看我的书和直播，持续 5 年、10 年之后，我们之间通过时间建立起来的联系是非常牢固的。

比如罗永浩，他的演讲从"一个理想主义者的创业故事"开始，到现在已经持续 10 多年了。为什么罗永浩的影响力这么大？因为他已经占领粉丝心智 10 多年了。在这 10 多年里，粉丝反复跟他产生接触，反复被他影响，他和粉丝之间的信任关系是经过反复确认和考验的。

从今天开始，我们要学会从一个角度去思考问题——单位用户对你付出的时间总量。

从 2017 年开始就有一些人关注我，积累到今天，很多人对我付出的时间总量可能已经长达几百个小时了。

单位用户对一个 IP 付出的时间总量，是使 IP 真正提升商业价值的重要因素。IP 只有长长久久地做下去，收获才能越来越大，我们不能一开始就急于变现。

很多人有这样的疑问：怎样才能使新进入直播间的粉丝快速转化？

我永远都不会为单场直播的转化而着急，我会把这个数据放在更长的周期去看。这一场直播粉丝不买没关系，下一场直播粉丝不买也没关系，我相信只要我持续做好直播，而粉丝对这个产品有需求，那么粉丝早晚会买。

（五）如何让你的流量更有商业价值

要让自己的流量更有价值，要从人设、内容和表达形式入手，其中最核心的就是内容。IP 的人设、思想、专业性都体现在内容上，内容是构建这一切的根本要素。

从内容质量上看，我们应该做高认知度的内容还是低认知度的内容？传递新鲜的观点还是传统的观点？输出思想性强的内容还是故事性强的内容？这些我们都要考虑，因为内容质量决定了什么层次的用户会关注你。

影响内容质量的除了认知度、观点等外，还有内容的打磨程度。所以，每一句话、每一段话都应该足够精致、足够吸引人。

另外，内容的呈现形式也很重要，对一篇文章来说，就是排版、配图、封面、标题。比如在标题方面，我们不要做"标题党"，不要总是拟"震惊！……""刚刚！……"这样的标题。如果文章的呈现形式不好，就会被那些具有高审美能力、高认知层次的人排斥。为了让这类人关注我们，我们就得把内容的呈现形式做得足够好。

我们每发一篇文章、一条短视频时都应该问自己：这篇文章、这条短视频的商业价值是高还是低？会给 IP 加分还是减分？会让用户更喜欢我们、信任我们，还是会让用户讨厌我们、不信任我们？日常运营过程中的每一个具体动作都可以通过回答这样的问题来不断地优化改进。

在此基础上，我再跟大家分享一个方法：自我审查。做任何形式的内容，如做直播、写文章或者拍短视频，我们都要学会对内容进行自我审查。

什么是自我审查？比如，假设你看到有人直播时的表情明显很不耐烦，透露着一种傲慢，这时你要审查一下自己：我直播的时候表情是怎么样的？我的态度如何？

比如，有些人在直播中展示自己的房子、车子时，缺乏自我审查意识，他们就会给人一种炫耀感；也有些人因缺乏自我审查意识，就会在表达观点时陷入一种很极端、很狭隘、充满偏见的状态。

之前抖音上有一条关于葛优的视频传播很广，大概内容是葛优排队做核酸的时候被人认出来，很多医护人员想找他合影。在那条视频里面，葛优有两句话特别"圈粉"。第一句话："一个一个合影也可以。"当时的情况是，很多医护人员想跟他合影，有人就说大家一起吧，这时葛优说了上面这句话。第二句话："拍照的时候要把口罩戴起来，别让人家议论咱们。"

"别让人家议论咱们"就透露出他是一个自我审查意识很强的人。真正厉害的人往往都有很强的自我审查能力。他们在做某件事时，一定会问自己：我这样说或这样做合不合适？

做个人 IP、做自媒体的人，相当于要把自己打造成一个公众人物，所以需要具备较强的自我审查意识。我们输出的每一篇文章、每一条短视频、每一条朋友圈，甚至我们的一个眼神、一句话、一个肢体动作，都在透露着我们是一个怎样的人、我们有什么样的认知、我们的三观和性格怎么样，而这些都是用户评价我们的依据，都会让用户在心里形成对我们的认知。

第二节

变现：IP 的镜头表现力决定变现能力

一个 IP 的变现能力与其镜头表现力有很大关系。

像董宇辉，他的镜头表现力就决定了他很适合直播带货。之前我刷到了一条关于董宇辉在"东方甄选"一周年活动上唱歌的视频，该视频的评论区就有人说"董宇辉什么场合都压得住"。这其实就是在说董宇辉的镜头表现力强，他在镜头前往往能表现得非常稳重、非常自信、非常大气。

很多人不知道原来自己的变现能力还跟镜头表现力有很大关系。一个镜头表现力更好的主播来做直播带货，其转化率肯定比镜头表现力一般的主播要高得多。

对于同样的产品、同样的销售话术、同样的流量，如果不是由董宇辉，而是由我们来完成直播，这场直播的销量是不是会下降？有多少人可以自信地说自己直播带货的销量能比董宇辉高？如果换成我，销量可能会直接变成董宇辉的三分之一。对于很多带货能力特别强的主播而言，镜头表现力就是他们的核心能力。

按下来我会从六个方面讲解镜头表现力，它们分别是情绪、状态、性格、形象、人设和表达。

一、情绪

本部分将通过对比的方式讲三组相反的情绪。

（一）积极和消极

如果主播在直播间里呈现的是非常积极的情绪，那他的变现能力肯定会很强。

像董宇辉这样的大主播，他们在直播时的情绪都是比较积极的，整个直播间呈现的都是特别向上的感觉，好像在他们的直播间多待一会儿就赚到了一样。

一些艺人或"网红"，他们可能患有抑郁症或者在生活中是一个非常消极的人，但是他们在短视频、直播间里展露的永远都是积极向上的状态，这其实反映出了他们良好的职业素养。我不相信他们没有累的时候，也不相信他们没有不开心的时候，但是只要他们出现在直播间里、在镜头前，他们呈现给用户的永远都是积极向上的情绪。

相反，如果一个主播在直播间呈现的都是消极情绪，总有很多不满和抱怨；或者他在生活中也是一个比较悲观的人，不相信普通人可以通过努力改变命运、不相信普通人可以通过努力过上更好的生活，那他直播间的转化率一定不会太高。

积极的情绪可以从很多方面传达出来。比如美妆主播的直播永远会让用户觉得自己可以变得更美，如果直播间有粉丝问"××方法真的有效吗？我真的可以变得更美吗？"，主播的回答大部分都是肯定的、鼓励性的、正向的。此外，从肢体动作、言语表达、价值观等方面也可以表达积极或消极的情绪。

对于同一件事，有人会用消极的眼光去看待，有人会用积极的眼光去看待。

我之前在抖音上看到一个卖课的主播，他的直播形式是和粉丝连麦，然后他来分析评判粉丝做的事情。我发现，这个主播虽然个人能力较强，但是他对粉丝的态度其实不够友好。如果粉丝拍的短视频或做的项目稍微显得有点异想天开、没有太大希望，他的态度就比较差，或者他会比较直接地打击对方。我觉得他大可以告诉粉丝哪里做得不好，然后给予一些积极正面的反馈，给粉丝一些鼓励。

有时我们会发现，粉丝跟知识主播连麦咨询自己的商业问题时，有的主播会认为自己的认知水平远高于对方，其就会通过言语、肢体动作、眼神表达出一种不屑和嘲讽，这样并不好。

从情绪的积极程度看，情绪大致可以分成积极、中间态和消极3种类型。我们每个人都可以想一下，在生活中，我们的情绪在更多时候是消极的、中间态的还是积极的。如果我们的情绪经常是中间态、消极的，我们就要对应地进行调整。

（二）热情和冷淡

热情跟积极不一样。积极主要指博主呈现出的看待事物的态度，热情更多指的是博主对待用户的态度。

我们在评价一个博主热情或冷淡时，其实是在通过直播和短视频感受他和用户之间的关系处于怎样的状态。

看董宇辉的直播时，你会发现他很在意自己的用户，他会很热情地回答评论区里的问题。如果有人对一个产品有疑问，他都会非常耐心地讲解。但有的主播在卖东西时，呈现出的是一种冷淡的情绪，好像完全不在乎用户有没有疑问。

我记得有一个主播，他在直播间里卖东西的时候，评论区里连续有好几个人说："请看一下用户的反馈，请听一下用户的声音。"但他几乎不做回应，给用户的感觉就是他无所谓，大家爱买不买。还有一些主播经常处于比较沉闷的状态，在直播间里好像永远打不起精神，这样也不好。大多数卖货比较多的主播、短视频拍得比较好的达人，对待粉丝都会很热情。

（三）激情和颓废

有些主播看上去永远很有激情。

比如刘畊宏，他做健身主播应该挺累的，但他在粉丝面前永远很有激情；湖远行也是，他每到一个地方都会非常有激情地喊一句："大家好！我是湖，我现在在 ××。"但有些主播就不是这样的，他们的状态没有起伏，他们不会传达让人很开心的情绪。

我们应该像刘畊宏那样，尽量呈现出一种非常有激情的状态，这样有时候用户哪怕不买东西，也愿意进直播间看看。

我在直播的时候就发现有些人其实不听我讲干货，但也经常来我直播间，好像多听听我的直播，就感觉整个人都变积极了。我有个朋友就是这样的，他根本不爱听我讲的那些知识，但他如果发现我在直播都会看一下。他还给我发微信说："老粥，我太喜欢你的直播了。"我问他："你又不学这些，看我直播干啥？"他说："看完你的直播就感觉对自己的成长更有信心、更积极了。"可能他压根没听我在讲什么内容，只是想感受一下我直播间的氛围。如果我们做直播时处于一种很颓废的状态，那用户为什么要看我们的直播？为什么要买我们的课？

有关这一点需要强调的是，有重要直播的安排时，为了保证直播时富有激情，前一天晚上一定要早睡，别熬夜，当天不要再安排其他强度比较大、比较费脑子的工作。如果我们前一天熬夜了，直播时有点困，甚至还有点头疼，那直播时就很难有激情。

从这个角度讲，像董宇辉这样的主播都是很有职业素养的。没有人每天都会遇到好事，也没有人完全碰不到糟心事，谁都会有不开心的时候，但一些主播能永远在直播间里保持激情，哪怕他们在直播当天遇到了不好的事，哪怕开播前 5 分钟他们还很难过，按下开播键的那一瞬间，他们马上就会调整好自己，呈现给粉丝一种有激情的状态。

二、状态

这里需要说明的是，本部分讲的三种对比难免会有一定的重合，因为它们不是完全相互独立的，做这三种对比是为了让大家更清晰地理解保持良好状态的意义。

（一）自信和心虚、发怵

怎么更好地理解自信？先想想自信的反面就可以了。从某种意义上来说，自信的反面其实不是自卑，而是心虚、发怵。

直播的时候，评论区里有时会有人说"这种课纯粹是骗人的、根本没用"等。当有人质疑我们的时候，我们如果是自信的，那就可以很轻松、很大方地去回应他们，依然能够掌控局面；我们如果不自信，就会心虚、发怵，可能会装作没看见这些评论，而且不知不觉间已经有点语无伦次了。

我们永远需要提升自己的自信，只要站在台上讲话或者在直播间里做分享，就应该对自己进行一种心理暗示：我知道我讲的内容是好内容，我卖的产品是好产品；我知道一定有很多人喜欢我，尽管我的直播间里会有"黑粉"，但"黑粉"的占比一定很小。

我经常跟一些人说：一定会有人不喜欢我们、质疑我们，但是我们不要只盯着这部分人看，明明直播间里还有很多人很喜欢我们；也不要盯着那些说我们的课没用的人看，明明还有很多人说我们的课很有用。有时我们会执着于一些负面的评价，反而忽视那些正面的东西。

这就是比例思维。我刚开始做训练营的时候，同事跟我反馈：有学员说我们布置的作业太难了，我们的助教有些不负责任，等等。遇到这种情况，有人可能就会有点心虚，觉得这些都是负面反馈。我就跟她讲了比例思维：碰到这种事，首先要问问自己，这种人占多大比例。我永远不担心我的"新媒体变现圈"中会有成员不满意、想退款，甚至把我拉黑，我只担心这样的人占的比例比较大。一期训练营里有几个人不满是很正常的，因为一期训练营有 1000 人，即使有 10 个人不满意，占比也才 1%。同样，有些人说我们布置的作业太难、我们的助教老师不负责，我也得问问这些人所占的比例是多少，如果一期训练营中只有两三个人这样说，那就不用急，因为还有超过 99% 的人喜欢这期训练营。有时候，自信其实就需要这种认知来支撑。直播间里明明那么多人喜欢、支持你，你就没必要只盯着那几个说不好的人看。

假设别人怀疑我的课不好，或者说听了我的课感觉什么也没学到，这时候我就会趁机给他分析一下他为什么没有学到知识，再顺便教教他应该怎么听课才能更好地学到知识。而不是他一说我的课不好、学了没用，我就心虚、发怵。

我们卖任何产品，最重要的就是自信。自己都不相信自己卖的产品，凭什么让别人相信你？凭什么让别人买你的产品？以前有一种说法：创业者组建一个团队，得先把自己"骗"过去。创业者在找合伙人时，如果每次讲着讲着自己都心虚，感觉生意做不成了，那谁会跟他合伙呢？从这个角度来说，创业当老板，谈理想、谈未来其实是很有必要的，如果总是非常现实地分析当下的境遇和困难，可能会使创业团队完全丧失信心。

（二）放松、自然和拘谨

放松和自然这两个词对应的是拘谨和紧张。

我直播的时候经常喝可乐，我那是真的为了获得快乐。但是有些人直播的时候讲着讲着突然开始不停地喝水，那可能就是战术性喝水，因为紧张或是忘词了。

直播时最好的一种状态是，事实是什么就呈现什么。比如我说错了一个词，那我就跟大家说我一不小心说错了，大大方方承认就行，不要去掩饰什么。

之前有人跟我说他直播的时候会担心熟人进他的直播间，尤其担心亲人、同学、同事、领导看他直播，一想到这事就紧张、放不开。

我最开始直播的时候，我的直播间里经常会出现一个昵称叫"刘木匠"的人，他一进来我就吓得一激灵，但是我不会在直播间里表现出来，并且那一瞬间我想的是要忘记他进来这件事。如果我想着"刘木匠"在看，就没办法很自然地直播，因为他是我爸。

为什么有些人会害怕熟人进自己的直播间？因为他们在直播间里呈现的状态不是自然的状态，是刻意的、包装出来的状态；如果他们在直播间里呈现的状态和平时一样，就不会害怕。

本来不是一个很能聊的人，却想装扮成一个很能聊的人；本来不是一个很幽默的人，却想装扮成一个很幽默的人，就得刻意地表演，当然会不自然。自然的状态是，平时是什么样，直播时就是什么样。如果做到这样，你就会显得比较自然，就不会怕熟人看到。自然的状态是最好的状态。

有些人在台上演讲，忘词时会愣在那儿不知道怎么办，其实这就是因为他们的精神是紧绷的，所以脑子转得很慢。如果演讲的时候处于很自然的状态，我们就不会害怕忘词，脑子会非常灵活。即使忘词了自己也能很好地圆场。

（三）笃定和含糊摇摆

我对我的产品很有信心，我对我自己很有信心，我对未来很有信心，等等，这种状态是很吸引人的，我们都喜欢很笃定的人。

假设你去做一个演讲，到了提问环节，你是否害怕别人提问呢？

我记得我第一次去企业讲课的时候，特别害怕最后的提问环节。因为我提前准备了 700 页 PPT，在照着 PPT 讲的时候，有什么就讲什么，我不会害怕。但是到了最后的提问环节，我就会想，万一对方提的问题我答不上来怎么办？

其实这就是一种很含糊、很摇摆的状态。事实上，遇到这种情况很简单，不会就说不会。

中国有个投资人叫张磊，他当年应聘一家公司时，跟他同时应聘的人都很优秀，但最后只有他被录取了。因为当时面试官问了一个很难的问题，那些很优秀的人虽然不懂，但都装作自己很懂，实际上只是含糊地表达了一番见解。但张磊回答的时候坦然地说："不好意思，这个问题我不懂。"

有时候"知之为知之，不知为不知"也是一种笃定，不知道就说不知道，这其实也是某种程度上的自信，有时甚至是更大的自信。

有些人可能会问：如果有很多问题都答不上来怎么办？那其实就不应该开这场直播。开直播给用户讲课，结果对方提的大部分问题你都不会，那你为什么还要开直播给别人讲？如果不是极少数问题不懂，而是大部分问题都不懂，那问题的关键就不是调整状态，而是应该去补课了。

三、性格

性格其实是不好改变的，但是我们在直播时可以用另一种方式去调整。

我们会发现，有些演员在现实生活中的状态和在影视剧里的状态是不一样的。一个人在现实中可能是非常拘谨的，但是在电影里就可以扮演一个很自信的人；一个人在现实生活中可能是很青涩的，但是在电影里就可以扮演一个很成熟的人。

那这里就出现了一个问题：我们前面说要自然，不要刻意包装自己，这里又说可以像演员一样去调整自己呈现的性格，这是不是冲突了？其实不冲突。

我在日常生活里其实是一个很不自信的人，但我在直播间里就显得很自信；我在日常生活里也并不是特别有亲和力，以前就有同事说我看起来很严肃，有时候不太敢跟我聊工作上的事情，但我在直播间呈现出的状态不会让粉丝觉得很难接近。

我发现，人性格上的很多特质可能在不同的领域中会有所不同，也可能是自己在选择性地呈现。就有亲和力和很严肃这两种状态而言，我可能就会选择性地呈现，在不同的场合呈现自己最舒服的状态。

再比如，一个人的自信程度在不同的领域可能也不一样。

假设一个人从十几岁就开始画画，已经画了 10 年、20 年，在画画方面是绝对专业的，那他在直播间里专门跟大家聊画画时，他呈现出来的就是自信的状态；但在日常生活，他跟朋友聊天不是以画家身份展开的，聊的话题也不是画画，这时他可能就没那么自信了。

有时我们会遇到这样一些人：平时看着普普通通，但一跳起舞来眼里就有光；或者平时看着吊儿郎当，但一上台唱歌他的神情就会特别专注。当一个人处于自己的能力圈里时，他整个人的状态就会立刻不一样。

就像我在日常生活中跟朋友聚会时，我总不能跟大家聊时间管理或写作吧？如果聊写作，那我绝对自信，因为在这方面我是专业的，我展现的状态就会很笃定；但如果跟我聊其他事情，或者纯粹是互相吹嘘，那我就不专业，这种时候我就会很拘谨。

在性格的呈现这部分，我也列出了三种对比。

（一）沉稳和夸张

沉稳对应的是夸张。

我们可以呈现一种很有激情的状态，但有激情不一定是夸张。比如董宇辉是一个很有激情、很有感染力的人，但我们不能说他夸张。

如果一个 IP 呈现出来的性格是比较沉稳的，那他的变现能力就会更强，因为沉稳天然导向信任，而夸张天然导向不信任。如果一个人讲东西时总是一惊一乍的，那用户对他的信任力就会比较弱。

（二）成熟和青涩

成熟和青涩也是一种对比。

有的人在直播间里卖东西时，表现得像个孩子，给人一种很青涩、不够成熟的感觉。尽管他的认知很有深度，但在那种性格特质下，他讲出来的东西好像就变成一种很孩子气的话，给人的感觉就是不够成熟。

像我们这样的知识博主经常会被这样吐槽：我们拍形象照时，特别爱穿西装、打领带，还要把发型做得精致。因为这样更容易使我们显得成熟沉稳，更容易让别人信任我们。

（三）有亲和力和傲气

大主播往往都有很强的亲和力。

很多主播、短视频博主、演员等，其实都是"靠脸吃饭"的，倘若这些人的亲和力强，他们就更有可能比别人拥有更多的粉丝。反之，如果一个主播总是表现得傲气十足，就非常容易让人产生抵触情绪。

对于这一点，大家可以把自己的直播录像多看几遍，找到优化空间去调整。

四、形象

形象这部分涉及以下三组对比。

（一）精致和邋遢

所谓精致，不是非得每天特意去搭配衣服，一根乱头发丝都没有，衣服也熨得一点褶子都没有，但至少要得体。

什么是得体？下面举几个例子。

像我平时做直播，有时就会看看自己需不需要修剪一下鼻毛，可能有的人就完全注意不到也不在意这种事。有的人可能吃着饭，突然伸手从牙齿上抠下一片菜叶子，这种事就不应该干。我们不求在生活中多么精致，但起码头发不要油得打绺，也不要没洗头或没洗脸就开始直播。最基本的要求是形象清清爽爽，衣服干净整洁，等等。

（二）时尚和土气

我们不需要像时尚博主那样时尚，但至少不要太土气。当然，如果是刻意扮演土气的人设，那另当别论。

如果不是走刻意土气的路线，那在服装上做不到加分，至少也不应该减分，至少应做到干净、整洁、得体、大方、合身等。还有一点是，如果不懂搭配，就不要随便挑战。比如有的人明明不懂怎么搭配首饰，偏要在脖子上、手上戴一些不合适的饰品；有的人不懂搭配，还非要穿一身五颜六色的衣服。

我们要记住，简单的通常不会出错。

（三）精神和松垮

精神指的是让人感觉整个人看起来很利索、很精神；松垮其实是一种形象上的散漫或放任的感觉。胡兵看起来就特别精神，他直播间的销量确实也非常可观。这种良好的精神面貌就会给人积极向上的感觉，吸引的自然也就是认知水平高、层次高的人。所以我们应当尽量让自己的形象看起来高级一点，精神一点。

五、人设

人设指的是人物在直播间或者短视频里呈现出来的一些特质，这也是镜头表现力中很重要的一部分。

你的人设是一个认真的人还是一个随便的人、是一个包容的人还是一个狭隘的人、是一个三观正的人还是一个有偏见的人、是一个极端的人还是一个温和的人、是一个虚伪的人还是一个真诚的人等很重要。

六、表达

镜头表现力当然也跟表达有关系，你在表达上得是专业的，不能是业余的；得是严谨的，不能是随意的；得是认真的，不能是敷衍的；等等。

时尚博主在时尚方面的表达得是专业的，美妆博主在美妆方面的表达得是专业的。不管做哪个领域的 IP，关于所在领域的表达就应该是专业的，不能是业余的。

除了专业，表达还得是严谨的，不能很随意。有些人为了卖更多的东西，在表达上总是非常随意，好像这个商品谁都适合，这其实是不对的。另外，表达还得是认真的，不能是敷衍的。比如你是一位美妆博主，那别人问一些有关护肤的问题，你得非常认真地给对方分析，而不能敷衍地回答。

关于影响镜头表现力的元素，书中能介绍的有限，但是希望大家在了解了该部分内容后，自己在看各种直播的时候，可以从这六个层面去感受。当然，不同的直播间呈现出来的感觉是不一样的。比如在罗永浩的直播间，我们会发现主播们基本上都冷静克制，表达都很清晰。为什么他们是这样的？

罗永浩在提到"罗永浩交个朋友"直播间如何选主播时，是这么说的："第一，脑子要清楚。虽然脑子混乱也能卖东西，但我们这个机构还是有自身的风格和定位的。我们永远不能挣到所有人的钱，换一个角度说，就是我们不可能服务所有的人，只能服务一个特定的群体，而这个群体可能很大，也可能很小。因此，从这个目标出发，我们选主播的第一要求就是脑子要清楚，要知道我们的受众具体是哪一个特定的群体。外形好是加分项，但不是必需的。大家一直有一个误解，认为我们找的主播都是'颜值'高的，其实王拓只是凑巧在表现很好的同时'颜值'也很高。

"第二，有文化、有知识。数据显示，我们的用户都是一、二线城市的高学历人群。基于这样的一个用户画像，我们就要求主播端庄正派，不去搞那么多花里胡哨的表演。比如，假装把品牌方的销售主管带到这儿，逼着他降价。

"我们直播间的客单价在全国抖音综合类目直播间里是最高的，这说明我们用户的消费能力是比较强的，所以我们不能给他们做一些拙劣的表演。当然，我们也不刻意排斥'颜值'高的人，就直播行业来说，'颜值'高总归是个加分项。"

不同的直播间有不同的风格，这就是"罗永浩交个朋友"直播间的风格。

我们平时看一些直播和短视频时，就可以根据这些镜头表现力的维度去理解。

第三节

持续：如何不下"牌桌"，长周期持续变现

一、关注营业收入，更关注利润

清醒的创业者、自由职业者或自媒体人必须关注利润，因为最终赚到手的不是营业收入，而是利润。

很多创业者不懂算账，不懂怎么去理解利润，所以他们付出了很多努力，最终的利润却很少。

很多创业者其实都从属于自己所在行业的各个圈子，出现虚荣心是一件无法避免的事情。市面上鲜有人公布自己真正获得的利润，都在说自己的团队有多少人、办公室有多大、营业收入有多少。仅看这些指标可能会让很多创业者盲目扩张，只看重营业收入而不注重成本，就会导致利润很少。我们不要有好面子的心理，不要觉得团队一定要做大，业务范围一定要很广。假如团队有一两百人，一年的营业收入有 2000 万元，但利润才 200 万元，这就不如团队只有几个人，一年营业收入只有 500 万元，但利润有 300 万元。

二、关注可能性，更关注风险

在前仆后继的创业者里，很多人短暂地风光一两年后就没有音讯了。这是因为他们一直只关注可能性，而没有关注风险。

我是一个非常谨慎、保守的人，一直觉得一个人能走多远，取决于他对风险的把控程度，而不是对可能性的把控程度。作为创业者，要意识到可能出现的风险和差错，并思考怎么去避免。

有人觉得最近业务开展得很好，就开始规模性地复制，然后搭建了专门的销售团队、客服团队和投放团队，一下子把团队做得很大，最后问题就可能出现在人力成本上；也有人觉得自己现在的业务发展得很顺利，得赶紧多拓展几个业务，但往往最后被新业务拖垮了。

我们在创业的路上，一定要在对风险的把控足够好的前提下去探索可能性，同时也要做好对现金流的把控、对于人员扩张成本的把控等。

三、关注价值的大小，更关注价值的持续性

想有更多的广告收入其实很简单，比如降低对广告客户的筛选和审核标准，这样广告收入就可能翻倍，但这会让个人 IP 价值的持续性变差，所以我不急于在某一年获得更多的收入。毕竟，本应该用三年赚到的钱若非得用一年赚到，在这个过程中，我的业务及企业赖以生存的东西一定会被损耗。

假设我们今年多了 100 万元的广告收入，那这可能说明我们对于广告的审核放松了，可能增加了广告的接收数量，甚至可能接了很多垃圾广告。这样做一定会伤用户的心，影响口碑，抑制未来的增长。因此，我更希望能持续地获得收入，而不是在某一年获得更多收入。

既然明白做个人 IP 是 10 年、20 年甚至是一生的事业，那又何必在意一个春秋的得失呢？我们想在这个行业干 10 年、20 年，那当然是个人 IP 价值的持续性更重要。

其实这里面也包含了一个思想：只要能够持续地获得收入，能够保持始终不下"牌桌"，一定会迎来事业的第二春、第三春。如果有一天大家做个人 IP 失败了，离开了这个行业，其实就中断了这份事业，当第二春有可能发生的时候，你也没有这个机会了。

现在做公众号，即使利润没有想象中那么多，我们也应该保持一定的投入，这就是为了让自己不下"牌桌"，甚至不光是不下"牌桌"，还要保持行业领先地位。

如果我现在退出这个行业，而两年之后市场环境变好了，那时可能就没有我的份了，所以保持在行业中的地位和存在感很重要。

四、关注短期成功，更关注长期成长

有时候，短期成功和长期成长确实存在一定的矛盾。

有一些 IP，他们把所有的时间、精力都用在眼前的变现上，想尽一切办法去销售，生怕机会被别人抢走。所以，他们在短期内推出大量付费产品，不管产品质量好还是差，直播间、朋友圈都在卖，他们关注的就是短期成功。

但我的策略不是这样。我当然也可以从头到尾、从早到晚地卖付费产品，也可以做出更多产品在短期内获利，但我没有这样做。我的策略是把小部分时间和精力用在获得当下的成功上，把很多时间和精力投入到长期成长上。所以大家会看到，我并不是每天都在卖课，开一场直播也不是从头到尾地卖课。

我保持每天读书、学习、写作的习惯，按照自己的节奏研发新课程，按照自己的节奏去推进社群的发展，持续关注自己未来三年、五年的成长。这样，我今年可能不会很厉害，但是大家会发现，我每年都比上一年更进步，我过去七八年一直都在践行这个策略。那些不这样做的人，可能今年平稳发展，明年、后年也是，但发展后劲不足，这是因为他们把大部分时间都用在了消耗存量上。因此，我们应将一部分时间、精力用来做存量变现，而将另一部分用于实现持续的增量成长。

五、关注形式和技巧，更关注本质和常识

这几年我生产的内容形式一直在变化，从图文到短视频、直播，再到多种形式全面、均衡地发展，但形式背后的本质是不变的，都是帮用户解决问题，给用户提供价值。

　　比如我写文章，是为了给大家解决成长方面的问题；我拍短视频，也是通过讲关于成长的观点、认知，或者分享我的经验来帮助大家成长；我做直播，也是每天围绕一个主题展开，进而帮大家解决困惑。所以，不管内容形式怎么变，本质都没有变，我的初心和最终目的也都没有变。反过来也一样，我们今天积极拥抱新的内容形式和业务形式，其实也是在关注本质。过去，用户从文章中获得成长，今天也希望从直播中获得成长，那我当然要满足大家。我们不是要紧跟潮流，而是要紧跟用户的需求。

　　视频号一直在增加新的功能、更新算法规则，但有一个根本原则是，博主如果不能提供好内容，不能给用户提供价值，那再怎么研究算法规则都没有用。我们要做始终关注内容本身的新媒体人。与其用很多花里胡哨的技巧，不如多思考能给用户提供什么价值，能不能比竞争对手更好地满足用户需求。

　　现在很多人都在聊营销、品牌，但段永平认为营销没有那么重要。他说，这个世界上成功的企业不是得益于营销的成功，而是得益于产品的成功。所以，这个世界上现存的那些大家认为伟大、实力强大的公司，在营销方面可能不是最成功的，但在产品方面往往是最成功的。营销固然重要，但是大家如果有商业常识的话，就应该知道产品永远是最重要的。没有好产品，再好的营销策略也是白搭。

　　所有做自媒体账号的人都应该有一个常识：一场一场的直播、

一条一条的视频、一篇一篇的文章就是你的产品，产品不行，其他都是无用的。如果大家做知识付费产品，营销做得再好，发售活动再火热，再会发朋友圈，作为产品的课程不好、训练营不好、社群服务不好，所有的营销努力都是竹篮打水。

六、拥抱变化，不断迭代

2015 年，我入行学习做公众号。

2016 年，我探索副业，开始做线上课程。

2017 年，我成功开启线下课程和企业培训。

2018 年，我学习做付费社群。

2019 年，我开了第一期训练营。

2020 年，我开始学习做短视频。

2021 年，我开始学习做直播。

在形式上，图文、短视频、直播，我都及时拥抱了；在产品上，线上课、训练营、社群，我都及时拥抱了；在转化上，软文、贴片、1 元引流课、9.9 元引流课、公开直播、私密直播、微信群发售、微信群配套私密直播等，我也一直在迭代。

关于课程，我几乎每年都会根据市场需求研发新的课程；关于训练营，我一直在品类上、交付上进行迭代；关于社群，我从最初的低客单价成功做到了高客单价，并且越做越好。

我的公众号于 2018 年创立，至今一直在迭代，该公众号拥有了

100 多万粉丝。对于视频号、抖音、小红书，我也有运营账号，并且都越做越好。

我所在的行业有两大特点：它绝不会消失，大家只要愿意，可以在这个行业做 10 年、20 年、30 年；它绝不会停滞，它一直在发展，大家不可能一成不变，用一种方式做很多年。

我们要习惯这个行业一直在变化，也要勇敢地拥抱各种变化，迭代自己。大家在变化面前一定会遇到困难，因为老办法不能解决新问题，但大家也要相信任何问题最终都能得到解决。

我们在拥抱变化时要保持以下三种心态。

第一，永远不要说自己不会。比如我不会剪辑，我不会拍摄，我不会配乐，我不会面对镜头很自然地表达，等等。

我当年做图文很成功，后来做短视频也成功了，再后来的社群、直播都做得也还不错。其中很重要的一个原因就是，我从来不说"我不会"。我不傻，也没有到老眼昏花的地步，别人都能学会，我为什么学不会？我觉得学这些东西本质上都不难，只是我以前没接触过而已。过去不会不是问题，只要现在想做，我就可以一边学一边做，最终一定能学会。

第二，一开始不要怕做得差。比如我刚开始做的短视频质量很差，在灯光、剪辑、拍摄方面都有很多不足，配乐也不好。但我认为，大家一旦开始做，就会一点点优化，然后越来越好。所以大家要以这种心态尽快开始、持续优化、不断迭代。

第三，不论做什么，都要告诉自己：我最终一定会成功。很多人就是太心急了，觉得自己必须在当下就要取得成功。我不是这样的，我相信自己最终一定能成功，同时接受可能在一段时间内短暂失败的事实。比如我做短视频，会先不问成败地更新100条短视频；做直播，会先不问成败地直播100天。

另外，以下两点也很重要。

（一）不下"牌桌"

对于所有能积累的事情，我们都要比谁做得久。一方面的原因是你做得越久，积累得越多；另一方面的原因是你不做了，那你积累的东西就要拱手让人了。

我在2015年入行，至今八年，一直没下"牌桌"，所以我一直在积累，没有浪费每一年。在这期间，我有遇到困难的时候，但是，一旦我把目光放长远，任何困难在此刻都显得很渺小。每次遇到困难，觉得坚持不下去的时候，我都提醒自己，不下"牌桌"，还有机会；下去了，就真的没机会了。正所谓"剩"者为王。

我从2019年4月开始做写作训练营，这一路上，不断有同行放弃，原因不外乎是太辛苦、流量差、招生难、运营难……每年也有新的同行出现，但我知道，大部分人一年过后就会放弃。但我就这样，一步一步地坚持了下来，走向第5年、第10年。我做得也不容易，但放弃这行去做别的还是一样会遇到困难，难道我要一直放弃吗？

既然这样，就别下"牌桌"，让自己成为最能扛的"剩"者。只要继续做下去，我就会不断遇到新的机会。这就是事业的本质，也是人生的本质。

（二）可以暂时放下，不要直接放弃

我们在做很多事情时，扛不住了怎么办？很多人的思维方式在我看来太极端或者太傻，他们会在扛不住的时候经历一番痛苦，然后直接放弃。但除了选择坚持做和直接放弃，我们还可以选择暂时放下。

我做公众号，"放下"过三次；我做视频号，"放下"过两次；我做社群，"放下"过一次。累了就休息一下，扛不住了就修整一下，然后再次出发，为什么要直接放弃呢？

暂时放下也体现了我的一个人生观：人活着，总要做事。放弃做某件，重新开始做别的事，这也许更难，所以还不如做自己已经有所积累的、擅长的事。当然，在深思熟虑后，对于没有价值、不适合自己的事情，大家可以放弃。但大家不要因为心累而放弃，不要因为短时间内没有取得成绩而放弃。

我希望大家能够长期地走在打造个人 IP、建立影响力的路上，这件事值得大家坚持 5 年、10 年、20 年甚至一生。

第四节

营销：营销的底层逻辑和核心方法是什么

很多人给某个产品写推广软文，或许能把内容写出来，但内容缺少底层逻辑和核心方法，每次都是凭经验、凭感觉写出来的。如果建立好底层逻辑和核心方法，写这类内容的速度会更快。因为有了底层逻辑和核心方法，就有了基本思路，就知道要朝着什么方向去努力。

一、营销 = 你有需求 + 它能解决 + 我最合适

营销的本质是什么？用一句话概括就是：营销 = 你有需求 + 它能解决 + 我最合适。

（一）你有需求

假设我推广写作课，在软文中或在直播间宣传我写过 100 篇阅读量超过 10 万的文章；靠写作使公众号拥有了 100 万粉丝；写出了"爆款"书，做出了"爆款"课；这个课有 50 节，非常系统、非常

详细……总之，我把产品的亮点和口碑都表达清楚了，但这样就可以了吗？

不可以。很多人做营销时都会陷入这种误区——只顾着展示自己，说自己的产品有多好。这当然很重要，但这不是做营销时最重要的一步，最重的一步是精准地把控用户的需求。前面的宣传内容可能用户看完之后觉得我的写作课很好，但他不做公众号、不写书、不打造个人 IP，即使我的产品很好，但他不需要。

因此，营销能取得成功的前提是对方有需求。我们在做产品推广时，一定要先激发用户的需求。如果用户没有需求，那我们再怎么夸自己也没用。

（二）它能解决

用户有需求是前提，但只是这样还不够，我们还得能满足用户的需求。

还是以推广写作课为例。我激发了用户的需求，用户认为自己需要学习写作，但这时候他不一定会买课。因为用户虽然有学写作的需求，但他的顾虑没有得到解决。我在直播中推广写作课时，很多人会问：我是新手，能学会写作吗？我没有写作基础，可以买课学习吗？我平时思考能力不强、表达能力也不强，能学会写作吗？

关于写作，很多人会有这样或那样的问题，这些顾虑如果得不到解决，他们就不认为自己能学会写作，就不会买课。

我有一门课程，叫"普通人的系统逆袭课"，这门课在营销上就存在一个比较大的困难——很多人都需要逆袭，但一些人可能不会买这个课，因为他们觉得在这个时代逆袭太难了。

我以前推广"成为时间管理高手"课程的时候也遇到过类似的情况，很多人认为有两个关键问题解决不了：第一个是很多人听信一些博主的说法，觉得时间是不能被管理的，他们没有必要学时间管理，学了也管理不了时间；第二个问题是大部分人看过很多关于时间管理的文章或者书籍，但是发现自己没有将相关知识真正应用到现实中，看了也不起作用，会觉得再怎么学时间管理，也做不到早睡早起，拖延、做事效率低的问题也解决不了。

总之，用户有需求之后，如果不能论证这个需求可以通过你的产品得到满足，他们就不会买你的产品。因此，大家必须让用户相信，他们的需求能够通过你的产品得到满足。

（三）我最合适

用户有需求了，这个需求也能被你的产品满足，那他就一定会买你的产品吗？不一定，因为你还没有论证"我最合适"。如果没把这一点论证成功，那你前面的努力可能是在帮别人论证。论证完后，用户很认同你说的话，但他去别人那里买了产品。只是论证了"你有需求"和"它能解决"这两点还不够，市面上有很多人出售问题的解决方案，我们还必须成功论证"我最合适"。

比如，我们要写一篇软文来推广课程，假设这是一个减肥课，我们应该怎么写？

首先，我们得论证用户有需求。很多人虽然胖，但是他们没有减肥的需求。所以，我们得想办法激发他们的需求，让他们觉得自己需要减肥。

其次，我们要论证他们真的可以减肥成功。很多人不再减肥是因为他们过去试过很多次，都失败了，他们不相信自己可以坚持下来。所以在这部分我们需要告诉他们，这件事是可以做到的，并给他们举一些成功的案例。

最后，也是最关键的一点，论证"我最合适"。他们需要减肥，也相信自己可以减下来，这时候他们需要一个产品，而我们的产品非常合适。此时我们应该列出理由，跟他们说清楚为什么我们的产品非常适合他们，比如我们的产品不会让他们每天都觉得很累，不会让他们瘦下来后体重反弹，他们也不需要花费太多时间。

把这三个部分写好，他们购买我们的产品就是顺理成章的事了。

当然不一定是推广课程，这里只是举个例子，推广其他产品也是一样的道理。这种结构不仅适用于各种类型的产品，也适用于不同的内容形式。不管大家是写软文还是写文案，都可以采用这种结构。

二、营销 = 给你制造落差 + 你想弥补落差 + 我有解决方案

我们从另一个角度来分析营销的本质，还可以得到这样一个公式：营销 = 给你制造落差 + 你想弥补落差 + 我有解决方案。

（一）给你制造落差

这可以对应上一个公式中的"你有需求"。

只要用户接受现状，就不会有需求，大部分需求是被激发出来的。比如某个用户现在虽然胖，但是他接受这个现状，觉得自己不需要减肥，那他就不会买任何有关减肥的产品，因为他没有需求；或者某个用户现在写作能力特别差，连朋友圈文案都写不好，但是他接受这个现状，也并不想改变现状，那他也不会有购买写作课的需求。

想让用户有需求，就得想办法激发用户的需求。激发需求的本质，就是让用户不接受现状，告诉用户必须得改变。

我一直在劝很多人改变，告诉大家不要放弃、拥抱变化，所以我做了很多个关于个人成长的课程。但在激发需求方面我会比较累，因为很多人在个人成长这件事上是接受现状的。让用户不接受现状的方式就是给用户制造落差。

怎么制造落差？不管具体形式怎么变，核心方法就两种：一种是向下制造问题，一种是向上制造向往。

比如，露营产品的广告通常就是在给用户制造向往。广告中，主人公是一线城市的公司职员，每天朝九晚六，工作辛苦，在一个周末带上露营产品跟朋友一起去湖边或者山上度过了美好的假期，这其实就是给用户制造了一种向往，给用户呈现了一种令人向往的生活，让他不接受现状。如果用户不接受现状，想过上广告里呈现的那种生活，那他就缺一些东西，比如得买防潮垫、野营餐布、月亮椅、小帐篷等各种设备。很多时候，奢侈品品牌商也是通过向上制造向往的方式来让用户产生需求的，奢侈品广告常给用户展示一种令人向往的生活方式。

再比如，我们应该见过很多洗发水广告，洗发水广告通常有两种比较常见的情形。第一种，主人公用这款洗发水洗完头之后跟另一半约会，场景非常浪漫，好像这些都是用了这款洗发水才发生的。广告商这样拍就是为了给用户制造一种向往。在这种情形中，主人公用这款洗发水洗了个头，消费者就会觉得这款洗发水可以让他拥有他向往的东西，他就可能会买这款洗发水。还有一种比较常见的情形：对面一位坐着的女士老是看男主人公的衣服，他一低头，发现衣服上都是头皮屑，从而感到非常尴尬。这种方法叫向下制造问题。广告商给用户制造了一个问题，然后告诉用户它能帮你解决问题，即用它的洗发水。

我再以我的写作课为例展开讲一下。很多人不认为自己需要学写作，那我该怎么给他们推广写作课呢？我会通过以下两种方式让他们产生落差，让他们无法接受不会写作的现状。

1. 向下制造问题

我可以先列举几个用户的痛点。比如明明他在公司里总是干活最多的，但是上台讲 PPT、汇报工作、升职加薪的总是别人；或者他在跟别人沟通的时候，明明心里想得特别好，但总是表达不清楚，别人沟通时却能条理清晰、逻辑分明，他只能干着急。

只要这些痛点用户都有，他就会明白如果把写作学好了，写工作汇报、发朋友圈、向上沟通、团队管理、开会发言等一系列问题都能很好地解决，所以他会认为自己需要学写作。

在这个时代，并不是不做与写作相关的工作就不需要学写作。我通过向下制造问题的方式给用户展示了学写作的必要性，改变了他接受现状的状态，激发了他学写作的需求。

2. 向上制造向往

除了向下制造问题，我们还可以采用向上制造向往的方式。

例如，我会给用户举例子，说某人在赚着本职工资的同时，还利用大量的业余时间写文章、做自媒体，每个月赚的钱比本职工资还多；或者，有人在学会写作之后，一直在写文章，分享自己在工作中的经验、心得，这提高了他在行业里的影响力，很多老板想把他挖走，他的老板也经常看他写的文章，觉得他年轻有为、非常有想法，想提拔他；又比如，有人学会写作之后，打造了个人 IP，把自己的技能整理成了一门课程，这个课程卖了 1000 份，他因此获利不少。

在上面三个例子中，我都是在向上制造向往。

我们在推广一门写作课时，既可以用向下制造问题的方式来激发需求，也可以用向上制造向往的方式来激发需求。我建议将这两种方式结合使用。接下来我以推广"普通人的系统逆袭课"这门课程为例，介绍如何结合使用向下制造问题和向上制造向往的方式。很多人会觉得，自己都 35 岁了，没必要想逆袭的事了；或者自己在小城市生活，根本没机会逆袭。面对这样的想法，我应该怎么办？

首先，我可以向下制造问题。我会说明要不要逆袭不是他说了算的，比如指出他上有老下有小；随着年龄增长，在职场中越来越比不过年轻人；等等。向下制造问题类似于营销理论中的恐吓理论，当然，并没有那么严重，我们只是指出用户的潜在问题和痛点，让他意识到自己其实有需求。他之所以认为自己没有需求，是他误解了这个世界的运行方式，以为自己不需要改变，其实每个人都需要改变。

其次，我可以向上制造向往。我会举一个某人在 35 岁时重新开始，三年之后事业迎来了第二春的例子。这样，用户一对比就会发现，原来并不是到 35 岁就不能逆袭改变了，然后他会重新燃起希望、想要改变。

我还会再举一个例子，比如现在是互联网时代，我的合伙人在广西柳州，他不需要去一线城市就可以跟一线城市的人一起工作，赚一线城市的工资。在这个时代，并不是在小城市就没有施展才华的空间，没有改变的机会，我们只要了解互联网、拥抱互联网，就会有很多机会。用户听完就会明白，原来在小城市也可以改变现状，只是他以前不知道这个道理。

对于这两个例子，我都是在向上制造向往。

（二）你想弥补落差

我们给用户制造了落差，用户也发现了自己的需求，接下来我们就要帮用户弥补落差，这对应的就是第一个营销公式里的"它能解决"。

我们可以从两个方面告诉用户这个落差是可以弥补的：一是从认知逻辑上论证，二是举例子论证。

1. 从认知逻辑上论证

我们要从认知逻辑上给用户论证，并不是到了 35 岁就没有改变人生的可能，只要以正确的方法持续实践，大概三年就能掌握一门新的技能，从 35 岁开始努力到退休，其间还有一大段职业生涯，我们一定会越来越优秀。

这就是从认知逻辑上让用户认为这个落差可以弥补。他认为逆袭的通道被关闭了，我就从认知逻辑上论证这个通道没有被关闭，他依然能实现逆袭；他觉得时间不能被管理，我就从认知逻辑上论证，告诉他其实时间可以管理，时间就是资源，虽然它是不可再生资源，但是煤炭、石油这些不可再生资源也都在被管理，时间一样可以被管理；他认为自己没有文采、没有天赋，学不会写作，那我就从认知逻辑上给他论证，人人都可以学会写作。因为这个时代的写作除了拼文采，还拼的是谁能逻辑严谨、条理清晰地把一件事、一个道理讲明白，这个时代追求的是实用性写作。

要让用户想弥补落差，我们要做的第一件事是从认知逻辑上论证，让他明白：问题可以被解决。

2. 举例子论证

从认知逻辑上论证之后需要做什么？举例子论证。很多人认为时间不可以被管理，那我就举能说明时间可以被管理的例子。比如我的朋友天天说时间不可以被管理，结果我给他讲了一套时间管理方法，他用了之后发生了很多改变。对此他很感谢我，说："粥左罗，太感谢你了，我以前以为时间是不可能被管理的，上过一些时间管理课也没有用，上了你的课我才明白，不是时间不能被管理，只是我之前没有用对方法。"有人认为自己学历低、没有文采，肯定学不会写作，那我就给他举一些学历低但是写作很成功的人和一些文风朴实无华的作家的例子，告诉他某个人也没什么天赋，就是用大白话在写作，但是这个人写的文章特别受欢迎。这样的例子罗列出来，用户一下子就会产生很大的信心。

当我们从认知逻辑上给用户论证，并举了一些非常有说服力的例子后，他就知道问题可以被解决，就会想要弥补落差。

（三）我有解决方案

前面两步完成之后，就到了最后一步——我有解决方案。这一步对应的是第一个营销公式里的"我最合适"。

这一步最关键的是强调我们的独特性。比如，我在推广"成为时间管理高手"课程的时候提到了一件事：很多时间管理课讲得很明白，对人很有启发，但是用户听完之后没法执行，就是因为其中的方法太反人性了。用户需要每天早睡早起，从早到晚高效利用每一分钟，下班之后要跟上班时一样努力。这种方法听起来很不错，但是由于太反人性了，难以真正地发挥作用。

市面上大多数时间管理课给用户讲的都是这种内容，但我的课不一样，我的课不反人性，而是顺应人性。用户说自己有拖延症，我就告诉他我也有，拖延症没那么可怕，并不是非得解决拖延症，拖延有时还是一种更高效的做事方法。我从认知上让用户接受拖延症，并合理利用拖延症。这是我课程的独特性，这样用户听了我的课，可能就不听其他课了。

再比如我讲写作课。很多人文章写得很好，但他不讲课；很多人讲课，却没有真正的代表作。我写过很多阅读量超过 10 万的、100 万的文章，阅读量最高的甚至超过 1500 万。2018 年，公众号的红利时代宣告结束，我才开始创业做自己的公众号，并靠写作使公众号粉丝数量超过了 100 万。另外，我的写作维度也非常广，我写过"爆款"公众号文章、"爆款"短视频文案、畅销书，也写过很多品牌型软文和销售型软文等。这些都是我在写作方面取得的成绩和积累的经验。

除此之外，我在课程层面也有自己的独特性。很多人把写作讲得太宽泛，比如教用户怎么更高效地输入、怎么读书等，这些内容其实不太容易执行。因此，我会把写作这项技能拆分得特别细，比如仅针对如何收集素材我就讲了三节课，我会手把手地教用户从哪些渠道、用什么样的方法收集素材，怎么处理素材，等等。

接下来，大家可以观察我在推广我的课程时是怎样强调自己的独特性的，我讲的哪几个点是最重要的。

我推广"普通人的系统逆袭课"的时候提道，我本人就是一个活生生的逆袭案例。在学习方面，16 岁时我交了一笔择校费才上的高中，但三年之后高考考了文科班第一；在职业方面，我从最开始摆地摊、做服务员，到成功进入新媒体行业，到成为一名新媒体讲师，再到自己创业，等等。我的逆袭是有一定的方法论的，这就是我的独特性。

推广"通往高手之路"时，我的经历更有说服力。我当年学写作，很快成为高手；后来做短视频和直播，也很快就成为高手。需要注意的是，大家在推广不同产品的时候，强调独特性的方法是不一样的。像我在"通往高手之路"的自我介绍中说的第一句话就是："粥左罗是一个久经考验的学习高手。"在这门课里，我强调的独特性是我学什么都比别人学得更快，且掌握得更好。

而我在"个人 IP 底层实操大课"的个人简介中的第一句话是：两年时间从"小白"到千万级个人 IP，创业五年，个人 IP 的影响力、变现能力持续攀升。这门课强调的独特性是：做成一个千万级个人 IP 我只用了两年，很多个人 IP、"大 V"、"网红"坚持不过三年，但我连续做了五年，影响力和变现能力还一直在提升。

在讲"我有解决方案"时，大家一定要强调自己的独特性，这是非常重要的。

对于本章内容，大家一定要记住这两个公式：营销＝你有需求＋它能解决＋我最合适；营销＝给你制造落差＋你想弥补落差＋我有解决方案。

大部分用户本身是接受现状的，如果他们不想改变现状，那他们就没有需求，所以我们要激发他们的需求，采用向下制造问题或向上制造向往的方式，让他们想要改变现状。记住这几句话，你就会比别人多一点思路，有一个更科学的框架，写营销文案的时候就更快了。

第二章

具有高转化率的营销方式

第一节

如何写出吸引用户注意力的文案

吸引用户注意力有两个核心方法，第一个是"与我有关"，第二个是"制造反差"。

运用这两个方法的大前提就是：这个时代是一个信息爆炸的时代，已经基本处于万事万物皆在产出内容的状态。这个时代有看不完的干货文章、学不完的课程，还有看不完的好书，好内容这辈子都看不完、学不完。因此，我们的大脑进化出了一种机制，就是非常严格的筛选机制。

像我们这种做自媒体多年的人，关注的公众号有几百个。在关注这么多账号的情况下，我的个人微信号上还有上千个好友，因此我每天会收到大量的信息，而我不可能每一条都看。于是大脑就形成了一种非常严格的筛选机制，可能 99.9% 的信息都会被大脑直接过滤。而以下两种信息会被大脑筛选出来并进行处理：一种是与我有关的信息，另一种是有反差的信息。

一、与我有关

我在讲怎么写公众号文章时说过：可能我们的文章内容很好，但用户不一定会看。因为人通常是功利性的，大量的信息摆在面前时，大家都想少浪费一点时间，把时间都用在刀刃上，因此只会筛选跟自己强相关的信息去看。从这个层面来讲，我们在卖产品的时候经常会犯一个错误，那就是"自嗨"。

比如我推出一门课程时，整个宣传海报都在说这门课程有多好，其实这是不对的。因为东西好不好和它是否被需要不是一回事，你的东西再好，如果我不需要，那也与我无关。任何东西，都得与我有关我才会看。

在推出一门课程后，我就在思考，接下来该如何推广这门课程。尽管只要听过这门课程的用户都觉得它特别好，但很多人，尤其是没从事过新媒体相关工作的人，根本不知道打造个人 IP 的重要性。因此很多人会觉得课程好那就让有需要的人去买就好了，我又不打造个人 IP，又不做自媒体，这件事跟我没有关系。针对这个问题，我在公众号的一篇文章里说了一句很重要的话：在这个时代，每个人都应该学一学打造个人 IP。打造个人 IP，是让更多人知道、喜欢、信任、追随我们的一门学问，这在职场里、在日常生活中也很重要，我们即使不做新媒体，也应该学一下。这句话是为了说明打造个人 IP 跟每个人都有关系。推广写作课也是这样。大多数人认为自己既不是作家，也不是新媒体编辑或者原创作者，所以写作跟自己没关系，自己就没有理由买课、学写作。因此我们要让每一个人看到写作课的时候，都觉得写作跟自己有关系，这很重要。

因此，在推销自己的产品的时候，一直介绍产品参数、产品优势，其实没有太大的用处，这属于"自嗨"式营销。想实现"反自嗨"式营销就应该做到下面的两点：第一点，要使产品跟用户产生联系；第二点，在信息爆炸的环境里给出反差信息。

而"与我有关"到底是怎么个有关法？怎么真正做到"与我有关"？我们可以从以下两个方面入手来解决问题。

（一）热点话题

虽然很多人都知道热点话题很重要，但他们对于热点话题可能有一个错误认知，那就是觉得大部分热点话题都跟自己正在做的事情没关系。比如有人做的是时间管理课或读书社群，觉得这两件事跟最近的热点话题都没有关系，而这其实是一种错误的认知。我们在推广一个产品，创造它与大众有关的信息时，并不一定要从产品本身去提炼，还要学会"嫁接"，或者叫"借势"。

以推广写作课为例。大家千万不要认为大部分人都关心写作，事实上很多人不关心写作，因为写作只是少数人的职业和工作。就算新媒体发展到今天这个程度，我们身边十个人中可能有八个人都不关心写作。所以直接推广这门课，大家可能不会关注，更不会购买。那么借助一个大家都关心的热点话题进行推广就很重要了。

很多时候，我们如果直接推广产品，很难吸引大家的注意力。

我们可以通过以下方式去借势。例如，你要推广一门写作课，就可以借势董宇辉这个 IP。董宇辉读了很多书，在直播间里金句频出，这能让很多用户明白读书的重要性。如果把他的直播全程录下来，我们会发现随便截取他在某一分钟内的发言都是一段非常好的文案。我们可以引导用户跟董宇辉学写作、学表达，再顺势推出我们的写作课，这样就借势成功了。因此我们在借势时，一定要重视热点话题。如果平时多关注一些课程广告，我们就会发现市面上的一些教育机构在推广自己的课程时，很多都会借势热点话题。

（二）永恒需求

永恒需求跟热点话题是相对应的，热点话题是当前发生的引起广泛关注的话题，永恒需求是不管什么时候大家都关心的话题。用马斯洛的需求层次理论来解释，永恒需求主要包括生理需求、安全需求和社交需求。

比如赚钱这件事就是一个永恒需求，不论 1 月还是 12 月，不论春天还是夏天，不论 30 岁还是 50 岁，几乎任何时候大家都关心赚钱这件事。

二、制造反差

对于一些普通的信息，我们没必要看它。这样的信息我们每天都会接触很多，它们很难吸引我们的注意力。有反差的信息才会让人忍不住想看、想关注。

就像某个周六我在楼下的商场里看到了一个女生，她从商场的一头走到另一头，一路上只要跟她迎面走过去的人都会回头看她一眼，甚至回头看她好几次。因为她是提着自己的鞋、光着脚走在商场里的。这就是一个比较大的反差，因为几乎所有人在商场里都是穿着鞋走路的，只有她是提着鞋、光着脚走路。

制造反差就是为了吸引大家的注意力，使大家忍不住不看。反差比较好理解，其实就是"非正常"，夸张、反常、稀缺、冲突、矛盾，都是反差。因此，以后在营销自己的课程、社群、训练营或者其他产品的时候，我们也可以想想自己的文案有没有涉及"与我相关"和"制造反差"这两点。

三、吸引用户注意力的三个步骤

这部分的核心主题不是说服和刺激用户下单，不是给用户讲清楚产品的卖点是什么，而是吸引用户的注意力。因此这部分要解决的问题就是如何吸引用户的注意力。

吸引用户注意力的步骤如下。

（一）熟悉产品

假设要把产品嫁接到热点话题或永恒需求上，如果我们对产品不熟悉，这种嫁接就很难实现。

如果要推广写作课，我们现在知道需要结合最近的热点事件了，但是如果对写作课本身的卖点不够熟悉，看到一些热点事件时，也无法将热点事件同写作课联系起来。一个销售人员对产品不够熟悉，他就联想不到产品的应用场景，也就卖不出去产品，这就是联想能力的缺失。

一个新手如果要推广一门有关打造个人 IP 的课程，应该按下面的步骤做。第一步，自己学一遍，做到对这门课的内容非常熟悉。第二步，把打造个人 IP 在这个时代的意义和价值罗列出来。第三步，利用罗列出来的这些点和产品本身的卖点，逐一对应热点话题或永恒需求，这样才能够联想它们之间的关系，进而借势推广。

（二）寻找相关信息

这里的相关信息，就是热点话题和永恒需求中和推广的产品相关的部分。例如，我想推广我的"个人 IP 底层实操大课"，并对打造个人 IP 这件事特别熟悉，对这门课的内容也特别熟悉，在这个基础上，我就要去寻找相关信息。我可以去看最近哪些 IP 最火，比如东方甄选的俞敏洪、董宇辉。而俞敏洪就是一个典型的成功 IP，董宇辉爆火后也成了一个非常成功的个人 IP，这都是相关信息。

比如我要推广"普通人的系统逆袭课"，可以从下面这些点跟董宇辉产生联系。他本身就是一个从农村走出来、在互联网上实现逆袭的典型人物，与课程的核心内容——"普通人的逆袭"非常契合。另外，我的课程里有一个模块讲的是"打工、创业和副业、管理"，在"打工"这个主题上，我的课程也可以跟董宇辉产生一些联系，因为董宇辉就是在新东方打工的。前段时间还传出一些新闻，说有很多人开出很高的价格想把董宇辉挖走，这就涉及打工、创业和跳槽的问题，也能跟我的课程联系到一起。因为我对整个课程分为多少个模块、每个模块分别讲什么内容非常熟悉，所以我很容易就将我的课程与热点话题联系到一起，而用户都比较关心热点话题，因此它们就成了用户跟我的课程之间的一个桥梁，我的课程就很容易受到用户的关注。

以上举的是结合热点话题的例子，接下来再举一个结合永恒需求的例子，就以推广"通往高手之路"，结合买房这个大部分人的永恒需求为例。2020 年，我从决定买房到实际买一套房，从对买房一无所知到成功买房，大概只花了一个多月的时间，最后这个房子还升值了，而这件事就可以跟这门课联系起来。我可以讲讲我是怎么在买房这件事上快速从新手变高手的，大家可能并不关心我的课，但关心买房这件事。在因为关心买房而听我讲的内容时，大家就会发现也得关心一下这门课，因为这门课就是系统地讲这种方法的。

在寻找相关信息这一步，我们不只要对产品非常熟悉，还得对借势的热点话题或永恒需求有足够的了解和深刻的认知，这样才能让产品与其产生关联。

（三）制造反差

在熟悉产品和找到相关信息后，接下来要将它们结合起来完成一些表达，再按照制造反差的思路进行修改。

比如我要推"个人 IP 底层实操大课"，为该课关联了董宇辉这样一个热门的、非常成功的个人 IP，基于前面讲的内容，我取了一个标题——"董宇辉的个人 IP 打造课，免费"。这就是一个很好的标题，能够吸引用户的注意力，很多人看到之后会想：董宇辉竟然要开课了，而且还免费。在董宇辉比较受关注的情况下，在标题中加入"董宇辉"这三个字就做到了"与我有关"，再强调"个人 IP 打造课""免费"，就做到了"制造反差"。

这篇文章我可以这样写：董宇辉是 2022 年的顶流 IP，是一个既有流量又有变现能力、非常具有商业价值的 IP；董宇辉这个 IP 是他通过每天做直播打造出来的，因此看他的直播就相当于上了一节免费的个人 IP 打造课，我们可以分析他的文案、分析他的人设、分析他的表达等……最后，如果大家想系统地学习董宇辉打造个人 IP 的方法论，可以学一学我的"个人 IP 底层实操大课"，这就成功实现了借势。

如果要推广"普通人的系统逆袭课"，我们可以把董宇辉跟该课中"打工、创业和副业、管理"模块联系在一起。由于有很多人愿意花高价把董宇辉挖走，因此我可以写这样一个标题——"董宇辉不该辞职"，阅读量一定会很高。还是那句话，"董宇辉"这三个字首先就保证了"与我有关"，因为热点话题往往能吸引大多数人的注意力。然后"不该辞职"制造了一种反差，大家可能会觉得董宇辉不是天天在做直播吗？难道他要辞职吗？"与我相关"和"制造反差"都做到了，文章打开率肯定高。我可以在文章里分析为什么董宇辉不该辞职，如引用"普通人的系统逆袭课"中"如何聪明地打工，让回报最大化"这一节的内容，分析董宇辉在现在这个节点上应该怎么更聪明地与新东方和俞敏洪合作，让自己越来越厉害，得到最大化的回报。最后在这个方法论的指导下，我可以得出一个结论：董宇辉如果现在辞职，是非常不明智的。通过这篇文章，我便能顺势推广自己的课程。

如果要我推广"通往高手之路"这门课，则可以按照以下方法借势董宇辉。这门课的受众群体之一是过去买了很多书但没有有效吸收相关内容的人，而董宇辉是一个典型的读了很多书，并且将相关内容都吸收得很好的人。那我可以将标题拟为——"同样读了很多书，你和董宇辉差在哪儿了？"我估计很多人一看到这个标题就会点开文章，因为他们都看了不少书，但实际用到书中内容的情况很少，董宇辉却能在直播中大量运用看过的书的内容，出口成章，他们就会好奇这个差距到底是怎么产生的。此时，我就可以用"通往高手之路"这门课里的"高效学习"模块中的一些观点来解释，最后再顺势推广这门课。

再比如，要想推广"个人 IP 底层实操大课"这门课，我可以写这样一个标题——"俞敏洪终将失去董宇辉"。这个标题也很好，其包含的信息量很大。一方面董宇辉和俞敏洪的热度都很高，把这两个 IP 放在一起，就制造了一种信息冲突。大家都在为董宇辉和俞敏洪互相成就、千里马遇到伯乐这种情节感动时，发现有篇文章的标题是"俞敏洪终将失去董宇辉",就会忍不住点开查看。对于这篇文章的内容,我可以写与个人 IP 相关的,比如董宇辉是一个超级大 IP,而打造 IP 最重要的一点就是:自己就是可以带走的最宝贵的资源,这样走到哪里都可以非常厉害。因为自己的价值可以脱离平台独立存在。因为积累了影响力,积累了用户的信任,积累了一些追随自己的受众,董宇辉即便离开了新东方这个平台,去别的平台也一样可以风生水起。当然我也可以写,如果俞敏洪不想失去董宇辉应该怎么做?比如给董宇辉多少股份,或者是单独为他成立公司,等等。

如果是推广"普通人的系统逆袭课",可以联系到打工、创业这方面。我可以讲,当一个员工强大到平台不能给他更多机会去展示自己的时候,他就会离开,这是必然的。同时我也可以在这里梳理老板和员工的关系。我在"普通人的系统逆袭课"中的"打工"那一节讲了非常多的观点,都可以用在这篇文章里。

比如,打工的时候要"积累离开的能力,顺便积累留下的能力""要对老板无比忠诚,但不必一辈子只对一个老板忠诚"。我写"俞敏洪终将失去董宇辉"时就可以用到我课程里的这些观点,然后告诉大家,像这样的内容"普通人的系统逆袭课"里还有很多,大家如果想学的话可以自己去学。

只要学会了这种推广思路,按照前文提到的这种方式去实操,我们以后就不用害怕推广任何东西。

第二节

如何设计具有高转化率的产品介绍页面

一、产品介绍页面的四大设计原则

我看直播的时候，经常会看到一些知识博主在推广课程、训练营或者社群，于是想了解一下，但是点进链接之后发现产品介绍页面做得特别简陋，完全没有展示出产品的亮点。

用户本来看到课程、训练营或者社群的名字产生了兴趣，结果点进链接之后发现相关介绍非常少，看完介绍后对这个课程还是有很多疑问，这就会造成用户最终不购买。因为他不会在有困惑的时候随时去问相关的老师或客服，或者可能他本身的购买动机就不强烈，觉得没必要问，直接就不买了。所以，我们一定要把产品介绍页面设计好，因为它跟转化直接挂钩。产品介绍页面设计得好能够提高转化率，设计得不好甚至对转化有负作用。

本书分析的具有高转化率的产品介绍页面是以知识产品的介绍页面为例，但是对于实物产品或一些服务类产品的设计也会有所启发。

下面我们来看下具有高转化率的产品介绍页面的四大设计原则。

（一）不可过于简单

很多知识产品的介绍页面都设计得非常简单，这种做法不可取，会非常影响转化。我们在设计产品介绍页面的时候，第一个原则就是：不可过于简单。

很多人可能担心，如果产品介绍页面过长、信息过多，会耽误用户的时间，怕用户看不完，这其实是一种错误的认知。假设我们要买一辆车，我们是否希望有关这辆车的介绍足够详细？答案是肯定的。这种情况下我们不会怕产品介绍过多，只怕问题得不到解答。

从另外一个角度思考，产品介绍页面只是一个页面，用户可以快速滑动，检索想要的信息，并不会花费太长时间。一个页面有 3 屏还是 5 屏信息，对用户来说都差不多，他不会觉得 5 屏信息的页面更复杂。

让用户觉得检索起来比较难的主要原因是信息多，所以我们在设计产品介绍页面时要做到排版清晰、重点突出，既要保证有足够详细的信息，也要保证用户滑动屏幕检索信息时能快速定位。

此外还要注意的是，产品介绍页面里宁可多列几条用户不关心的信息，也千万不能漏掉用户关心的、该呈现的信息。

（二）要假设用户对产品一无所知

这点非常重要。设计产品介绍页面的时候一定要考虑到设计的这个页面是给谁看的。在这一点上，我们的态度应该是"给一个完全陌生的人看"，而不是"给熟悉我们的铁杆用户看"。即便会有很多铁杆用户点进链接来看我们的产品，我们的产品也可能会被一部分陌生用户看到，这部分人对我们和我们的产品是一无所知的。就好像我做公开直播的时候，直播间里的用户可能有 70%~80% 是我的铁杆用户，他们对我和我的课程都比较了解，但是也可能有 20% 左右的用户是第一次知道我和我的课程。

千万不要默认所有人都对我们和我们的产品很了解，我们要假设用户对我们和我们的产品一无所知，设计产品介绍页面的时候也要以此为基础，确保所有人都能在产品介绍页面中获得他们想获得的信息。

很多人在设计产品介绍页面时会有一个错误的认知，即觉得自己在朋友圈里推广产品，肯定有很多人都知道自己是谁、是干什么的，没有必要多花篇幅介绍自己。但其实别人之前可能根本没关注过你，对你和你的产品都完全不了解。即便对方知道你是做写作训练营的，但也可能并不清楚写作训练营是做什么的。对于这些问题，我们要在产品介绍页面中阐述清楚。

这一点对于提供一些不太常见的服务的人来说尤其重要，比如我们的社群里有学员是做整理师的，但很多人可能不清楚什么是整理师，也不理解为什么家里要有一个人来帮他整理，这就需要解释清楚，让对方明白。

（三）要让用户可以自助服务

不管是推广服务还是推广产品，产品介绍页面都要做到让用户可以自助服务。

假设一个陌生用户想购买我们的产品，并在看完产品介绍页面之后产生了很多疑惑，需要不停地去咨询客服。一旦有很多用户需要咨询客服，就说明介绍页有问题了，如果一门课程有几千人需要咨询客服，那我们可能因此损失 30%~40% 的用户。

我们想在互联网上做好服务，一定要做到让用户可以自助服务，做到用户基本不需要客服就能完成自主交易。一旦用户的购买路径中多了一个咨询客服的环节，我们就会失去很多潜在客户。

（四）要能覆盖更多人群，满足更多需求

如果我要推广"新媒体变现圈"这个产品，我就应该做到让更多人觉得这个产品就是为他量身定做的，非常适合他购买，能解决他的很多问题。

基于这一点，我会在产品介绍页面中写：不会做"爆款"内容、不会做定位的人可以报名，想做自媒体的人可以报名，想解决涨粉问题、打造个人 IP 的人可以报名，想学做知识付费课程的人也可以报名……这样介绍，产品覆盖的人群才会更广。

我们一定要使产品覆盖更多人群、满足更多需求，这样才能提高转化率。用户看产品介绍页面的时候如果觉得产品不适合自己，不能满足自己的某个需求，当然不会买。我们要通过产品介绍页面

让更多的人认为他应该买这个产品，认为我们的产品能满足他的某一个或者几个需求，只有这样我们才能成功实现转化。

二、高转化率的产品介绍页面要包含的 12 点信息

这部分我们来讨论一下高转化率的产品介绍页面通常会包含的 12 点信息。我们在设计产品介绍页面时，这 12 点信息不一定会都要用上，但对照着这 12 点信息，在思考的时候就能更全面，也能更清晰地知道哪些信息更适合使用。

除了对照这 12 点信息外，我们在设计产品介绍页面时还要找到一些对标案例，如购物网站上某个比较好的产品介绍页面，或者"得到"App 上的某个课程、训练营的介绍页面，从中我们可以得到一些启发。如果某个地方写得挺好，我们也可以借鉴。我们写销售软文时也可以找一些对标的软文来刺激大脑、启发思考，让自己更快构思成文。

（一）核心卖点

如果把产品介绍页面的大部分信息去掉，只保留最重要的信息，那最应该保留的肯定是核心卖点。

比如，刘润老师的一本书叫《底层逻辑》，大家可以去看一下这本书的产品介绍页面，"底层逻辑"这四个字在整个产品介绍页面的最上方，随后是副标题——"看清这个世界的底牌"，再往下就是核心卖点——"中国著名商业顾问刘润为你准备的一整套思维框架，

助你启动'开挂人生'"，剩下的才是其他信息。

再比如我的新课"普通人的系统逆袭课"，假设要去掉产品介绍页面里的大部分内容，那最应该保留的就是"系统出了问题，别想单点解决，全面解决 20 个人生经营底层问题"这个核心卖点。

（二）作者简介

除了产品的核心卖点，作者简介也是非常重要的信息。

举两个例子。在瑞·达利欧的《原则》这本书的产品介绍页面中，第一板块是核心卖点，第二板块就是作者简介：瑞·达利欧，桥水基金创始人，45 年前创办桥水基金，掌管资金超过 1600 亿美元，约等于美国 GDP 的 1%，多次提前预测经济危机，比如 2008 年金融危机。短短几句话，就把作者的厉害之处展示出来了。刘润的《底层逻辑》也一样，其产品介绍页面的第一部分是核心卖点，第二部分就是作者简介：刘润，润米咨询创始人，"刘润·5 分钟商学院"主理人，前微软战略合作总监，曾任腾讯、百度、海尔、恒基、中远国际、五源资本等多家知名企业的战略顾问。

除了展现作者本身的厉害之处，一个好的作者简介还应该跟产品匹配。比如刘润的《底层逻辑》，其作者简介里面除了前文提到的内容，还有一段和《底层逻辑》相关的介绍：作为内容产出者，他善于用底层逻辑分析社会环境和生活；作为管理咨询顾问，他善于用底层逻辑分析企业。

虽然此处举的例子都和书相关，但其实推广课程和推广书的道理是一样的，推广课程也要有作者简介，推广其他产品和服务也需要有人物简介，比如卖蜂蜜需要有关于养蜂人的简介，卖茶叶需要有关于制茶人的简介，等等。

（三）适合人群

根据前文讲的产品介绍页面的四大设计原则我们可以知道，一定要让产品覆盖更多人群。针对这一点，在"适合人群"这部分信息的呈现上，文字表述要呈现出"产品被更多人群需要"的特点，只要我们的产品可能对某个人群有帮助，就应该将其列出来。如果产品的"适合人群"太垂直，产品转化率肯定不高。

常见的"适合人群"的呈现方式有两种：一种是直接说明适合人群，一种是间接说明不适合人群。

1. 直接说明适合人群

比如，刘润的《底层逻辑》的产品介绍页面中有这样一部分内容：

如果你是一个学生，你可以学会思考问题的底层逻辑，赢得辩论，获取解决问题的方式，洞察本质；

如果你是一个职场新人，你可以学会个人进化的底层逻辑，做好时间管理，创造 10 倍价值，收获优质人际关系；

如果你是一个创业者或者企业管理者，你可以学会社会协作的底层逻辑，获取战略势能，掌控利润，留住优秀员工。

　　只要某类用户读了这本书可能会有收获，刘润就将其列在适合人群中，这样就能覆盖学生、职场新人、创业者、企业管理者等多个群体，对提高转化率很有帮助。

　　再比如，我们通常会觉得普通人没必要学经济学，所以从常识上来讲，"薛兆丰的经济学课"不应该是大多数人会购买的一个产品，但是在"得到"上，它几乎是销量最高的课程。

　　在这门课的产品介绍页面里，有一个板块叫"课程亮点"，其中第五点是这样的：

　　　　在薛兆丰独特的表达方式下，再高深的经济学课题也可以娓娓道来，令深者不觉其浅，浅者不觉其深，不管你是文科生、理科生、职员、官员、生意人都会觉得拓宽见识、有所帮助。

　　这一段话就很好地扩大了覆盖人群，让更多人觉得这门课适合自己学习。

　　如果注意观察，你会发现"得到"上的产品都会尽可能覆盖更多人。比如"香帅中国财富报告"的"课程亮点"板块在介绍"谁适合学习这门课"时，列出了四类人：

　　（1）想在财富分化的大趋势下，更好地配置个人资产、实现财富增长的你；

（2）想在复杂的金融变局中，了解资本的变化逻辑、保护好自己的资产、规避风险的你；

（3）面对层出不穷的新资产，想弄清行业新动向、寻找自己的从业机会、发现下一个高峰赛道的你；

（4）对整个世界的金融趋势、发展、变化感到好奇，想要了解未来财富走势的你。

这部分的文字表述方式就非常精妙，前面两类涵盖了手里有一定资产的人，他们不管是想让财富继续增长，还是想规避风险，都应该学这门课；第三类指的是想要寻找行业机会的人，这样覆盖的人群又扩大了，因为新机会是绝大部分人都需要的；第四类是对世界金融感兴趣、想了解未来财富走势的人，这样覆盖的人群就更加广泛了。

如此罗列出来，覆盖人群逐渐扩大，越来越多的人会觉得自己应该买该课程。

2. 间接说明不适合人群

除了表达哪些人适合购买产品，我们还可以表达哪些人不适合购买产品。这是一种很讲究技巧的表达方式，其高明之处在于，用户看到产品介绍页面中说哪些人不适合购买产品时，就会因为不想变成这类人而变成适合购买产品的人。

比如，在"个人IP底层实操大课"的产品介绍页面里，我列举了六类应该学习这门课的人：

第一类，有一项特长或者特殊技能的人；

第二类，有一项长期爱好的人；

第三类，做出过一般人做不出的成绩，有故事、有经历的人；

第四类，在职业、事业方面能够利用线上优势的人；

第五类，本身有得天独厚的条件的人；

第六类，好看极了的人。

每一类里我都举了很多例子，把大多数人都覆盖到了，这是从正面表达产品适合哪些人。

其实我还可以反过来表达，讲哪些人不适合学这门课，这样用户看完之后，为了不让自己变成那样的人，就会认为自己是适合学这门课的人。比如我可以写：想"一夜暴富""爆红"的人不要买，想问"学了这门课之后，账号多久可以拥有 10 万粉丝"的人不要买，想问"能不能保证学了马上就有用"的人不要买。这几种表达其实都暗含着一个意思：这样的人根本不是爱学习的人。用户看到这样的表达，就会有不想变成这几种人的想法，会觉得想做一个踏踏实实学习的人就应该买课。

（四）功能价值

功能价值也要尽可能覆盖更多人，通过多维度定义产品的价值，扩大产品适用的人群范围。

假设我们做了一门 IP 课，产品介绍页面呈现出的价值不应该是"1……2……3……"，而应该是"1……2……3……4……5……6……7……"。从更多维度地定义产品的价值，才能覆盖更多人。

比如，"香帅中国财富报告"这门课为了覆盖、转化更多人，在"你会得到什么"这一板块介绍了这门课的四个价值，这其实就是在多维度地定义这门课的价值。这四个价值如下：

1. 一份给每个人的财富指南；

2. 一套应对金融变局，能避坑、可落地的锦囊；

3. 一本给所有家庭的行动手册；

4. 一份 2021~2022 年中国财富走势的前沿洞察报告。

通过这四点对价值的详细表述，大家或多或少会觉得这门课对自己有点价值，这样就会有更多人购买它。

而在 2020~2021 年版的"香帅中国财富报告"里，关于功能价值的表述是这样的：

1. 这是给每一个普通人、普通家庭准备的案头手册，它能帮你解决实际问题。怎么选房？怎么买国债？基金和股票，哪个更值得买？个体必须掌握哪些技能才能抓住数字时代的红利？在每个影响人生走向的关键时刻，你都一定要翻一翻它。

2. 这是一份帮你跟上趋势的报告。你会理解：黄金在何时会上涨？什么叫股市的分化上涨？为什么 2020 年房价不跌反涨？2021 年的财富趋势是什么样？

3. 这是一份结合了前沿数据分析和一线田野调查的报告。

4. 这是一份立志做 20 年的报告，这是倒数第 19 年，欢迎你一起见证这段属于每个中国家庭的财富发展史。

它讲了这么多功能价值，大家在读的时候，总会觉得有一条是适合自己的。比如它说能帮大家解决怎么选房子的问题，可能大家根本不关心中国财富报告，但是有买房的需求，想听听金融学家或教授的意见，于是这一点就切中了大家的需求。如果没写这一点，有买房需求而完全不关心这门课程的人，就不会去购买这门课程，所以推广产品一定要多维度定义价值。

功能价值也可以一正一反地写，既可以讲产品能够提供什么价值，也可以讲产品不能提供什么价值。就像"得到"上的"抖音直播电商实战班"的产品介绍页面上写着："如果你有生意、有产品、有用户，欢迎你加入'抖音直播电商实战班'，跟'得到'做同学。"接下来该产品介绍页面上还列出了三种该实战班无法满足的用户需求：想在抖音上快速变现、想在抖音上成为爆火的网红、想快速实现业务的爆发式增长。按照这个说法，如果用户有这三种需求，他就不适合报名。但实际上这样的用户依然有极大可能会报名。因为该产品介绍页面的文案会让他觉得这是一个靠谱的实战班，是一个真正追求实现价值的实战班。

这是一种"欲擒故纵"的做法，即用反面的说法来彰显课程的价值。

（五）课程大纲、服务清单、课程表

一门课程一定要有课程大纲，就像一本书一定要有目录；社群或者训练营则一定要提供服务清单或者课程表。因为用户非常关心从课程、社群、训练营里能学到什么，所以课程大纲、服务清单、课程表必须要有，而且能详细就不要简化。

如果大家听过我的"个人 IP 底层实操大课"，就会知道单节课的内容字数有 5000~10000 字，音频时长有 20~50 分钟，信息量很大。但我的课程大纲只列了每一节课的标题，相对来说展示得没有那么详细。很多人只看课程大纲可能不会知道每一节课的信息量有多么大、内容有多么丰富。基于这个认知，我会对我的一些课程大纲进行进一步的细化，尽可能让用户感受到更多价值。

"普通人的系统逆袭课"也是一样，单节课信息量也比较大，为了更好地凸显该课的价值，我会做一份详细的课程大纲。比如对于"自律"这个主题，我可以在课程大纲中列出它主要讲了哪三点，这样想学习相关内容的用户看到课程大纲就会觉得这确实是他关心的内容，从而购买这门课程。如果我没有展开讲，用户可能就不会有

这样的感受，因为"自律"这个主题涵盖的内容太宽泛了，很多人对这个主题只有一个模糊的印象，没有那种强烈的"与我有关"的感觉。

用于展示产品的内容要尽可能详细，如服务包含哪些项目、课程包括哪些知识，这样才能让用户感受到产品的价值。

这一点我一定要强调一下，因为我看到很多知识博主的产品介绍页面中虽然也有课程大纲，但过于简单。对于有的课程，单节课的讲解时间可能超过一小时，在课程大纲中该节课却只有一个很宽泛的大标题，这样用户很难感知到课程内容的价值。

服务清单、课程表也是如此，若内容太简单，用户看了很难感受到产品真正的价值，因此也很难购买产品。

（六）价格信息

价格信息有两种，一种是需要解释的价格信息，一种是不需要解释的价格信息。

假设我们做一门音频课，价格为 99 元或 199 元，我们只要标上这个价格就行，不需要解释，因为这个价格在同类产品里是非常正常的。

当我们的产品价格跟同类产品的主流价格不一样的时候，就需要解释了。比如目前市场上写作训练营的主流价格是 1000 元左右，我们的写作训练营的价格是 4999 元，这时候就需要解释一下。因为用户会疑惑为什么我们卖得这么贵，我们的写作训练营比别人好在哪里?

这是第一种情况,当我们的产品的价格比同类产品的主流价格高很多时,就需要解释。

反过来也一样,如果我们产品的价格比同类产品的主流价格低很多,那也得解释一下。比如通常市场上的音频课卖 99 元或者 199 元,我们的音频课只卖 29 元,这就需要解释一下,不然用户会想:你的产品这么便宜,是因为质量差吗?是因为没有价值吗?

不管做什么产品,一旦其价格跟同类产品的主流价格不一样,我们就需要对这个价格信息进行解释,尤其是社群、训练营这种服务型产品。因为现在很多产品的差异很大,导致价格差异也很大,所以解释就很有必要。

(七)穿插金句

产品介绍页面里必须要有一些朗朗上口的口号型金句。

假设一个产品介绍页面从头到尾有 3~4 个部分的内容,那金句应穿插其中,可以放在开头,可以放在中间,也可以放在结尾。比如"得到"上的"抖音直播电商实战班"的介绍页面中有一句"专家带你干,时间省一半",这就是一句痛点型金句。

我的"普通人的系统逆袭课"的介绍页面里也有这样的表达,比如:

25 岁才刚刚开始,35 岁正年轻,45 岁一点都不晚,55 岁一点都不怕。

出身不决定命运，要自己成全自己。起点不决定终点，要持续迭代到高点。现状不决定未来，除非你已经认命。

这样的金句在课程里、产品介绍页面里都会有，而且出现了不止一次。

我们一定要意识到，金句很重要，能起到画龙点睛的作用，甚至别人看完产品介绍页面之后能记住的就是那几句金句。很多时候我们读一本书也是这样，比如读完《人类群星闪耀时》，大部分人都只能记住一句话："一个人最大的幸运，莫过于在人生的中途，即在他年富力强的时候，发现了自己的使命。"

所以，我们一定要记得穿插金句，这很重要。

（八）精华内容提炼展示

假设一本书提供了非常好的方法论、认知模型，我们认为该书的内容非常打动人，那在设计产品介绍页面的时候，就应该把精华内容提炼出来并展示给用户看，这样用户会更有可能下单，转化率也会更高。

比如，《原则 2》这本书主要讲的是应对变化中的世界秩序，其产品介绍页面里就对这本书的精华内容做了很好的提炼、展示，这主要包括三个部分：

1. 掌握兴衰周期，厘清世界的运行原理；

2. 指明社会发展大事，总结永恒、普适的原则；

3. 透露未来动向，妥善应对当前形势。

这就是这本书的精华内容，用户看了之后既能知道这本书的主要内容，还会对这本书的内容产生一种"不明觉厉"的感觉。

接下来我准备对"通往高手之路"这门课的产品介绍页面进行优化，丰富并升级高手进阶路线图，可能将其做成三张图，然后把课程的精华内容提炼出来。用户一看这些内容觉得很实用，非常符合底层逻辑，可能就会购买课程。

（九）促销信息

促销信息是为推广产品而产生的信息，主要有以下几种类型。

"大咖"推荐。现在比较流行的推广课程、书或者训练营的方式叫"大咖"推荐，这类似于常见的名人代言。

销量信息。《原则》这本书展示的销量信息是"百万级畅销书"，刘润的课程"底层逻辑"展示的销量信息是有多少学员，我们提供这类信息有助于促使用户购买。

限时限量信息。有时候我们做社群、训练营这种产品，提供的服务是限时限量的，因此展示限时限量信息也有利于促进转化。有的课程、实战班的限时限量信息会这样表述："第 1 期席位有限，请详细填写报名表，登记报名后，顾问将在 24 小时内给您反馈。""得到"高研院在第一期重点强调了"第一期",因为第一期的学员相当于后续所有人的师哥、师姐,是产品的第一批用户,可以产生较强的优越感。

涨价信息。有的课程或训练营会在产品介绍页面呈现涨价信息,比如某个训练营的价格现在是 3980 元,7 月 15 日之后涨价为 9580 元。如果大家对产品采用了涨价策略,那涨价信息在产品介绍页面中几乎是必须存在的,这能有效地提高转化率。因为很多人都有占便宜的心理,而通过涨价信息促使用户购买产品正是利用了这种心理。

(十)用户评价和案例

用户评价和案例在哪里都很重要,因为大多数人都有从众心理,决策时会很重视别人的反馈。我们在购物网站上购物后若给了商家一个差评,商家可能会专门打电话让我们修改评价,因为差评会对其他用户是否购买该产品产生很大的影响。

大家可以去看"得到"上的"薛兆丰的经济学课"的产品介绍页面,整个页面分为四栏,第一栏是课程简介,第二栏是课程表,第三栏是评价,第四栏是相关推荐。它专门把评价跟课程简介和课程表放在一起,用户点开评价后会看到非常多的好评,而且这些好评都是真实的,是其他用户非常认真地写的,这会让很多用户在翻看评价的过程中越来越想购买课程。

评价还有一个很重要的功能,就是可以覆盖更多人群。对于我的"个人 IP 底层实操大课",有一个用户评价说:"虽然我不做自媒体,也不打造个人 IP，但是听了这门课还是非常有收获，这门课教会了我如何在职场中更受欢迎。"这样的评价就会打动一些不做自媒体的人，他们会想既然不打造个人 IP 学了这门课也有用，那我也可以买。

不同的评价代表着不同的人群，只要所有的用户评价里有五个甚至十个维度的评价，产品就能覆盖更多人，转化率也会因此有所提升。

比如"薛兆丰的经济学课"，大家去翻一下评论区就会看到不同维度的评价。有的人会说："外行也能听明白，老师很有水平。"假设一个没有任何经济学基础的用户想要购买这门课，但有点担心听不懂，当看到这样的用户评价时，他购买这门课的可能性在无形中就增加了。还有人说："对于我这个复旦经济学专业毕业的人来说都是非常有帮助的。"有一定经济学基础的用户看到这门课可能会觉得其中的内容都学过，没必要买，这时候他们看到这样一个评论，就会觉得再学一学应该也会有新收获。此外，还有人说："课程提供了全面的经济学知识，对投资非常有帮助。"这就又多覆盖了一个人群。

不同的评价代表了不同的人群，用户的多维度评价可以帮我们扩大目标人群覆盖面，对提升转化率很有帮助。

（十一）价值观、理念、使命、愿景

如果想让产品打动人心，让用户觉得我们有梦想、有追求，我们可以向用户展示我们的价值观。

比如某个抖音实战班展示了两个核心理念：第一个是"铁打"的

生意，"流水"的算法；第二个是"勤奋 + 敏捷 + 坚定"。它向用户传递的价值观是，在抖音上运营没有"成功捷径"，大家都要足够勤奋、快速迭代，积极应对挑战和难题。这种价值观就能够打动一些人。

再比如我的"个人 IP 底层实操大课"，我在"哪些人不要买"这部分展示了我的价值观："任何事，你想做得比别人好，都不容易；任何领域里，你想获得更多商业价值，都不容易；任何课，你只学不做，都不可能出结果；任何东西，从学习到做到，都需要一段时间。任何承诺你这个那个的，都是'割韭菜'。'韭菜'请去别的地方买课。"

我展示的价值观其实是可以打动用户的，虽然本就坚持不买课的人可能依旧不会买课，但是本来想买课的人被我传达了这种价值观后，可能不仅会购买课程，还会好好地听课和实践。

当然，理念、使命、愿景都具有和价值观类似的作用。

（十二）购买须知

购买须知主要包含课程的学习形式、学习时间、有效期以及咨询客服的途径等。

我在过去两年里做的课程、训练营都会有购买须知，这是产品介绍页面必须具备的，但是购买须知的写作并不难，就不做赘述了。

产品介绍页面中，上述 12 点信息不一定都要有，但是大家要知道一个具有高转化率的产品介绍页面都由哪些信息构成，这可以让大家在设计产品介绍页面时考虑得更全面。

第三节

如何写出具有高转化率的软文

一、写一篇具有高转化率的软文要做到的五点

软文相当于一个桥梁，连接着我们的产品和用户，用户看了我们的软文之后，会决定买还是不买我们的产品。软文扮演着销售员的角色。

（一）写软文既要保证有高阅读量，又要保证目标人群精准

对一篇软文来说，保证有高阅读量和保证目标人群精准，哪个更重要？就整体而言，保证目标人群精准更重要，但切忌以此为借口，忽视软文的阅读量，因为我们是有机会做到二者兼得的。只不过在不同场景下，二者各有侧重点。

如果我们推广的产品大部分人都可以购买，那保证软文有高阅读量相对更重要；如果我们推广的产品属于某一细分领域，那保证软文的目标人群精准更重要。

以我的课程为例，假设我要推广"成为时间管理高手"或"个

人爆发式成长的 25 种思维课"，对大部分人来说，做好时间管理、更好地掌握成长思维都很有必要，所以这两门课程的受众面相对来说比较广。对于这种受众面比较广的课程，我们可以侧重于追求软文的高阅读量，因为有大量的人需要学习这门课程，有可能买这门课程，所以我们不太需要担心目标人群是否精准。这类软文本身的目标人群就是比较广泛的，用户只要看我的软文，就有可能被我说服，从而购买课程。

但如果是推广"个人 IP 底层实操大课""实战写作课""零基础做出赚钱视频号"这些课程就不一样了，这三门课程相对于前两门课程来说，属于更细分的领域。对于这样的课程，我很难做到只要用户看我的软文就能被我说服购买这门课。这种情况下我们应该更倾向于追求软文的目标人群精准，而不是高阅读量。如果我们倾向于追求高阅读量，就可能出现下面这种情况。很多人看到一个特别吸睛的标题，马上点开这篇文章，结果读到最后发现我在推广写作课。如果他不是这门课程的目标用户，那他非但不会购买课程，反而会对我产生反感。最终，文章的阅读量很高，但课程销量并不理想。

"个人 IP 底层实操大课""实战写作课""零基础做出赚钱视频号"这种课程不是泛人群需要的，大家不要因为自己在做这类课程，就把它们默认为是大部分人都需要的。虽然我们经常强调这样的课每个人都应该学一学，但实际上很多人都认为自己不需要。对于这类的课程，我们应该将软文推送给更多精准的目标人群。如果太多泛流量进来，我们转化不了，最终就只有好看的阅读数据，并没有实际价值。

那在具体操作上，我们应该如何保证高阅读量和目标人群精准呢？核心方法是从标题和选题着手。

首先，标题应体现与产品的相关性。当我们需要保证目标人群精准时，软文标题一定要体现与产品的相关性，看软文的人群就会相对精准。如果我写了一篇推广"个人IP底层实操大课"的软文，但是其标题跟个人IP、新媒体没有任何关系，那我的目标人群就不会精准。假设我们想卖写作课，就可以在软文标题里用上"写作"或者跟写作相关的词，如果没有相关的词，也可以通过标题表达出写作的重要性。总之，当我们想要确保目标人群精准，就要使标题体现与产品的相关性。

其次，在选题方面借势。想在营销上吸引用户注意力，有两个关键点，第一个是借势热点话题，第二个是借势永恒需求。借势热点话题或永恒需求是为了把我们推广的产品与一个大众普遍关注的话题联系起来，从而保证软文有阅读量，使软文对更多人有吸引力。

（二）软文应该制造希望，而非制造焦虑

对目标人群来说，判断一篇软文好与坏，其实是看我们制造的到底是希望还是焦虑。好的软文应该给人带去希望，而不是焦虑。如果大家看了我们的软文之后，觉得自己在时间管理上有改进空间了，或者事业要有起色了……那我们就是在制造希望；如果我们写一篇软文推广某款产品，没有给目标人群带去希望，那我们就写失败了。

我的"成为时间管理高手"和"个人爆发式成长的25种思维课"这两门课，不管是课程内容还是推广软文，都给很多人带去了希望，很多人学了这两门课后都感觉自己的困惑消除了，很多人看完我写的软文觉得自己的人生有了更多的可能。

我们要在很多层面上给人带去希望，包括选题、案例、表达方式等，从而让人看到自己的更多可能性，产生一种"恨不得马上报名"的冲动。

（三）软文要反复打磨，保证高质量

我写软文一直有一个宗旨——把推广产品的部分去掉，它依然是一篇高质量的文章。

前面我提过，一篇软文其实就是一个销售员，销售员的水平决定了最终成交的可能性，所以我们一定要注重销售员的水平，也就是软文的质量。

假如我想推广写作课或者个人 IP 课，结果我写的软文质量很一般，那显然没法说服读者，所以软文质量一定要好。

软文的质量好包含的方面有很多，比如认知水平要高、干货要足，我们必须让用户感受到这些，用户才会购买我们的产品。我们推广的产品越好，或者我们越想提高转化率，就越要在这软文的质

量上下功夫。

很多人明明做了很好的课程，但是他不好好写软文，这是大错特错的。从某种程度来说，软文的水平代表了甚至高于课程的水平。如果给课程设置了试听课，那应该拿出质量最好的一节让用户试听；如果要在直播间里讲一篇课程文稿，也应该选所有课程文稿中质量最好的一篇。我们展示出来的产品永远都得是质量最好的。

在做产品这件事上，我们追求的是产品好、服务好、软文好。即使产品和服务较一般，你也要有足够的耐心认真打磨软文，因为它是用来促进成交的。

（四）软文的逻辑要合理

我们写一篇推广产品的软文时，一定要学会自我质疑，其中最重要的就是质疑这篇软文的逻辑性。

我们首先要质疑这篇软文的逻辑是否合理。如果软文的逻辑不合理，那么这篇软文的说服力就不强，用户很可能会质疑我们。我每次写软文之前，都会先思考用户对产品可能会产生哪些疑问，然后把这些疑问列出来，进行针对性的回答，捋顺其中的逻辑，再进行针对性回答。

我们一定要自我质疑，千万不要认为我们写什么，用户就会信什么。如果我们不质疑自己，用户就会质疑我们。用户的眼睛都是雪亮的，他会思考你的软文符不符合逻辑，或者是不是太假。很多时候，用户看完软文后会质疑内容太假，就是因为整篇软文没有逻辑，或逻辑上有很多漏洞。

（五）整篇软文要"暗中"打消用户的疑虑

用户在决定要不要买一个产品时，肯定有很多疑惑。比如在决定要不要买写作课时，用户可能会想："我都 40 岁了，还能学写作吗？""写作要讲天赋，一般人能学？""写作真的能赚到钱吗？"我们在写软文时要预料到这些疑虑，然后将其消除。

再比如在决定要不要买个人 IP 课时，有的用户可能会想："现在打造个人 IP 真的可行吗？""打造 IP 难道不是一件特别难的事吗？""我一个普通人也可以打造 IP 吗？"我们就可以回答他，IP 不只有大 IP，他可以打造大 IP、中 IP，也可以打造小 IP，打造小 IP 相对来说没有那么难。任何一个普通人只要在某件事上有一定的经验，都有机会做出成绩。我在推广"个人 IP 底层实操大课"的软文里就提到了相关内容，以打消用户的疑虑。

我们具体应该怎么做？在写软文的时候，要先把用户可能会产生的疑虑都列出来，然后"暗中"打消用户的疑虑。所谓"暗中"，就是我们不直接列出问题和答案，而是把它们隐晦地穿插在软文中。

我们想解决用户的某些疑虑时，就可以在举例子的时候顺便提及这些疑虑。比如，我在推广写作课，考虑到有的用户会担心自己是宝妈，没时间学写作，我就可以举个例子："我有一个朋友是三个孩子的宝妈，住在三线城市，已经 38 岁了，但是她还是在我们的写作训练营里学写作，并且取得了一定的成绩。"读者读到这部分内容时，可能就会想"这么忙的人都有时间学写作，那我也可以""原来宝妈也可以学写作"等。这其实就是没有直接讲用户可能担心的问题，但我们在暗中已经打消了一些用户的疑虑。

或者这样表达："我朋友没有写作经验，她一直担心自己写不好。她刚开始写的时候也确实很困难，但是我告诉她，刚开始写作时通常都是这样，只要度过了新手期，后面就会越来越顺。她听了我的话，坚持了三个月，之后越写越顺，还靠写作赚到了钱。"一些担心自己没有经验不能学写作，或者担心写作赚不到钱的人，看到这里就会打消疑虑。

我们在写作的过程中要经常思考潜在用户看到相关内容时可能会有哪些疑虑，然后有针对性地通过一些表达帮他们解决。经常思考这一点的人跟从来不思考这一点的人相比，写出来的内容完全不一样。我们如果不从这个角度去思考，可能永远意识不到为什么别人的软文的转化率那么高，自己的却那么低。

二、具有高转化率的软文的四个核心选题方向

在正式讲核心选题方向前，我需要强调一下：用户买产品的目的是解决问题，是想使某件事发生改变，最终得到好的结果。所有购买行为的发生都有这样一个前提。

我想买一台更好的电脑，是为了更便利地工作，提升工作效率；我想买一台吸尘器，是为了清除地上的灰尘、毛发，有一个更

整洁的环境；我想买时间管理课，是为了解决各种时间管理上的问题；我买个人 IP 课，是为了成为一个可以靠个人 IP 赚钱的人。我们买任何一个产品，不管是无形产品，还是有形产品，核心需求只有一个——让自己在某个方面得到改变，最终得到渴望的结果。

在这个大前提下，具有高转化率的软文有四个核心选题方向，具体如下。

（一）讲述一个目标用户都渴望拥有的结果

讲述一个目标用户都渴望拥有的结果，也就是说软文的主体是讲结果，既不是讲方法论，也不是讲改变的过程。

以我的软文《今年 32 岁，聊聊我过去 16 年的持续"逆袭"》为例，这篇软文的核心就是展示我的逆袭成果，即我变成了一个什么样的人：从月薪 5000 元到年入千万元，从一个人住地下室到在北京买了自己的房子，从单身到拥有一个美满幸福的家庭，等等。这其实是大多数用户渴望拥有的一个结果。既然用户渴望拥有这个结果，那我就告诉用户，我拥有这个结果得益于我推广的这个产品。

这篇软文的核心逻辑是讲述一个目标用户都渴望拥有的结果，并且告诉目标用户是因为某个产品才有了这样的结果，从而推广这个产品。

还有另一篇比较典型的软文《他靠 2700 个粉丝，个人 IP 变现超 100 万元？为何做个人 IP 如此赚钱？》，这篇软文讲的是我们想去哪里，而谁已经去了那里。换句话说就是，我们想要什么结果，谁已经拥有了那个结果，这从本质上也是在讲述一个目标用户都渴望拥有的结果。我在这篇软文里讲了三个案例，一个十万级的案例、一个百万级的案例、一个千万级的案例。这篇软文的核心逻辑也是告诉目标用户，购买并使用我推广的产品就有机会拥有这样的结果。

举例时既可以举自己的例子，也可以举用户的例子。比如我在推广"成为时间管理高手"这门课时，可以讲述我在时间管理上的结果：比如我和两个助理在一年内完成了两本书的写作，完成了两门课的制作，接了××个一对一咨询服务，做了一个年度付费社群，等等。我不讲具体的方法，只是告诉大家我在一年里做了这些事情，然后再指出，我之所以能做到这么高效，都是因为我用了在"成为时间管理高手"这门课里讲的方法。如果用户看完之后也想拥有这样的结果——一年内做很多事情并获得成果——那这篇软文在某种程度上就已经把他说服了，他会觉得自己应该买这门课。

以前推广写作课时，我也用自己的故事写过一篇软文，就是《毕业第四年赚到第一个100万元：我的所有"逆袭"，都是写作能力带来的》。我讲自己的故事，本质上也是在讲述很多人都渴望拥有的一个结果，最后我再告诉用户，我是靠写作拥有这个结果的。写作是这个时代的普通人用来逆袭的非常好的技能，而且人人都能学会写作。

除了写自己的案例，还可以写用户的案例。我在"个人IP底层实操大课"的软文里就用了好几个用户案例，比如牧心老师、江武墨老师、璐璐老师等的案例。

（二）讲述一个目标用户代入感极强的关于改变的故事

这个选题方向的侧重点是讲述改变的过程，常用的方法是起点终点法。

最早做知识付费时，我写过一篇全网传播比较广的软文《入行一年半，从新媒体"小白"到年薪 50 万元的副总裁，他想帮每个公众号编辑实现工资翻倍》。这篇文章就是一个典型的目标用户代入感极强的关于改变的故事，即我是怎么从一个什么都不懂的"小白"，入行当新媒体编辑，从月薪 5000 元慢慢到月薪 2 万元，再到年薪 50 万元的。

但这个选题方向和"讲述一个目标用户都渴望拥有的结果"不同，这里着重强调的是讲述一个代入感很强的关于改变的故事，读者把自己代入之后，会觉得"我也可以，我也有机会做到"。软文最后的部分跟我前面讲的一样，也是告诉目标用户：我能够从一个新媒体编辑做到年薪 50 万元的内容副总裁，是因为我用了推广课程中讲的方法。这样，目标用户在代入的过程中就能感受到实现改变的可能性和希望。

当时我的这篇软文非常成功，所推广的课程转化效果也特别好。那时是 2017 年，是新媒体的黄金时代，整个市场对新媒体编辑的需求量很大，各种企业、机构都在招新媒体编辑，所以市场上一下子有非常多的新媒体编辑涌现。

我在这篇软文中讲道，我原本是一个迷茫、自卑，觉得自己没有什么未来的年轻人，因为接触了新媒体和写作，一下打开了新世界的大门，发现这个行业有无限的前景。之后我就拼命地写作，慢慢从月薪 5000 元，到月薪 2 万元，再到年薪 50 万元。用户在看我的故事时，会有一种看到了自己的未来的感觉，进而就会想要购买这门课程。

在这个选题方向上，核心就是讲故事，我们既可以讲自己的故事，也可以讲用户的故事。有时候讲自己的故事的效果更好一点，但考虑到我们要写很多篇软文，肯定不能只讲自己的故事，所以也要适当讲一下用户的故事。

（三）讲述一个让目标用户感觉自己"又行了"的认知方法或者解决方案

对于前面讲的两个选题方向，第一个偏向于展示结果，第二个偏向于讲故事，本部分介绍的选题方向则偏向于讲干货，即讲认知方法或者解决方案，让目标用户看了之后感觉自己"又行了"，让他觉得这套认知方法、这个解决方案太好了，他学会之后也可以做到某件事。比如，他看了你分享的选题技巧之后，感觉自己也能写出阅读量超过 10 万的文章；看了你的借势热点话题写"爆款"文章的课程，感觉自己马上也能写出很多"爆款"文章。

这个选题方向的落脚点在讲认知方法、解决方案上，据此写出的软文是典型的干货型软文。

比如，我有一篇宣传"成为时间管理高手"课程的软文，题目是《如果你渴望用一年改变现状，请一定看完这 4000 字干货！》，它就是典型的干货型软文，其中有 4000 字的干货，包括四个要点展示：

1. 关于连续性改变和非连续性改变；

2. 对待连续性改变和非连续性改变不同的三种人；

3. 关于耐心、革新性改变和精进性改变；

4. 列改变清单的四个思路。

用户看了这篇软文后，就会觉得他用了这套方法也可以做到一些他想做的事。

（四）讲述一个目标用户特别想解决的痛点

这个选题方向的核心逻辑是，先给用户制造一点点焦虑，紧接着强化它，让用户"无处可逃"，最后提出我们的产品可以帮助用户解决他的痛点。

比如，本来用户感觉 35 岁时的职场危机对他只有一点点威胁，那么，我们可以把这个威胁性放大，反复强调他在 35 岁时有可能遭遇严重的职场危机，再举几个例子，让他产生非常强烈的代入感。在这个选题方向上，我们不是讲一个好的结果、不是讲一个好的关于改变的故事、也不是教给用户方法，而是强化痛点。

我曾向用户强调，如果不会写作，他在职业发展上会遭受很大损失，可能他本来也知道这个道理，但没有意识到不会写作的严重性，那我把痛点强化一下。强化痛点之后我再给他制造希望，告诉他其实想解决这个痛点也不难，学习我的课程就可以快速解决问题、改变现状。

但是，这个选题方向写的软文要注意把握尺度，否则会让人感觉焦虑。我们可以在文章的前半部分适当地制造焦虑，在文章的后半部分消除焦虑、制造希望，不能整篇文章都在制造焦虑。

在这个选题方向上我写过一篇比较典型的软文，题目是《送给30 岁了还没在任何事上成为高手的人，1 句狠实话 +1 个真建议》，这篇软文就是在强化用户的痛点。

掌握这四个选题方向后，我们在搭建一篇软文的基本逻辑框架时，至少可以从四个方向思考，对于任何一个产品，都可以保证起码有四篇不错的软文。

假设我要推广"个人 IP 底层实操大课"，就可以分别从这四个选题方向入手，各写一篇软文。我可以讲一个目标用户都渴望拥有的结果，讲我是怎么通过打造 IP 做到年入千万元的，以及我的优秀学员是怎么通过打造个人 IP 赚到 10 万元、100 万元的；也可以讲一个目标用户代入感极强的关于改变的故事，比如用起点终点法，讲一个人最开始只是一个普通上班族，后来接触到这门课，通过努力学习慢慢打造了一个小 IP，最后获得了可观的年收入；还可以讲一个让目标用户感觉自己"又行了"的认知方法或者解决方案，讲一个关于打造个人 IP 的简单、可行的方法，在讲述方法的过程中要强调"门槛低"这一点，让用户觉得他也有机会打造出一个拥有 1000 个铁杆粉丝的小 IP；或者讲一个目标用户特别想解决的痛点，如 35 岁职场危机、职场上具有不可替代性有多重要等，还可以讲一个人在 35~40 岁这个阶段，在体力和精力方面都越来越不占优势时该怎么办，用痛点刺激用户，然后告诉用户打造个人 IP 可以解决这个痛点。

如果大家觉得用四个选题方向写四篇软文不够，那还可以延伸，每一个选题方向上都可以写好几篇软文。比如讲述一个目标用户特别想解决的痛点，这一篇我们写这个痛点，下一篇可以写另一个痛点；再比如，讲述一个目标用户代入感极强的关于改变的故事，这一篇讲自己的故事，下一篇讲用户的故事。

每次讲用户的故事时，可以挑选一个能够覆盖某一人群的故事，比如这一篇主要覆盖国企员工，下一篇主要覆盖互联网企业的高管。针对不同的人群，我们可以讲不同的故事。

总之，对于同一个选题方向，我们可以有好几种写作思路。推广任何一个产品，不管是无形产品，还是有形产品，我们都可以用这种方式写出十几篇软文。

最后，我还想再强调以下两点。

第一，我们在写软文这件事上要更勤快一点。

我们打造一款产品，不管是做社群、课程还是训练营，都要耗费非常多的时间和精力，为了让这种投入产生的回报最大化，一定要重视软文，以更好地推广我们的产品。

如果大家耗费了半年到一年的时间做出一门时间管理课，却懒得多写几篇软文用于宣传，这其实是对自己劳动成果的不负责任。从营销、利润和营业收入的角度看，我们应该把做产品的时间匀一点给营销。既然我们非常努力地做出了一个产品，那就应该在写软文这件事上更勤快一点。

第二，理论上我们应该写多篇软文。

我们的潜在目标用户是多种多样的，他们需要解决的需求也是多种多样的。没有任何一篇软文可以打动所有人，所以我们需要写多篇软文来打动更多人。

我写十篇软文，能覆盖五六个人群；他写两篇软文，可能就只能覆盖一两个人群。从另一个角度来说，在不同的软文中强化不同的痛点，讲不同的干货，总有一点会触达某个人群。所以，我们要在持续宣传的过程中使用不同的软文，这样总有一篇能打动用户。

我们应该勤快一点，把转化效果好的软文保存好，所有转化效果好的软文在一个长周期里都可以发三次以上。

我在推广"成为时间管理高手"这门课时，有一篇转化效果非常好的软文，叫《一年时间，足以改变一生》。当时我写了好几篇软文，后来测试出这篇软文的转化数据最好。那我绝对不能只用一次这篇软文，而要在一个周期内多次使用。对此我有以下三个理由。

首先，我的公众号不停地有新用户关注，虽然老用户看过这篇软文了，但是新用户可能还没看过。

其次，即便都是老用户，文章的打开率也是有限的。比如，我今天发一篇软文，10 万个用户里面有 1 万个打开看了，一个月之后我再发一次这篇软文，可能还是只有 1 万个打开看了，但是两拨人的重合率可能很低。不管我们有多少粉丝，所有粉丝往往不可能每天守着我们的公众号，等着看我们的文章。对任何一篇软文来说，我们将其发出来后都只有一部分用户会看，所以我们要敢于重复使用。

最后，用户可能在这个时间点对这个产品不感兴趣，但这不代表他在半年之后仍对这个产品不感兴趣。比如我们今天发一篇推广写作课的软文，也许某个用户在一年前就看过这篇软文，之前他没买写作课，但这次他买了，因为他一年前还不想学习写作，但现在想学了。

基于这三个理由，转化率特别高的软文一定不要只发一次，应该在长周期内多发几次，比如每隔半年就发一次。同时，转化率特别高的软文的逻辑性往往很强，质量通常更好。针对同一篇软文，我们可以借助不同的热点话题或使用不同的标题进行发布，这也是一种比较聪明的做法。虽然我说让大家勤快点，多写几篇软文，但是写软文确实不容易，所以尽量不要每一篇软文写出来只发一次。我们要多写，也要多次使用具有高转化率的软文。

第三章

如何抓住时代红利利用直播变现

第一节

直播：为什么知识博主一定要做直播

我先分享两个案例。

第一个是我自己的经历。之前我推广课程也好，推广训练营也好，其实主要靠的是公众号的流量。但是说实话，从2021年起，不管是推广课程，还是推广训练营，公众号的转化率都有所下降，文章本身的点击率也在降低。在这种情况下，我所面临的创收压力是比较大的。但自从我在2021年9月做了直播之后，我又有信心了，因为我的课程在直播间里的推广效果相对不错。

直播两个月后，我的4门课程累计售出了4300份，有一些是以99元的价格售出的，有一些是以109元的价格售出的。单课程这项业务，通过直播就创造了45万元的营业收入。如果是以在公众号文末加海报贴片的形式去推广课程，大概率是卖不了这么多的。这里说的还不包括新课程，仅仅是日常推广的旧课程。如果是新课程上架，我会在公众号发布软文，结合文末的海报贴片进行推广，这样推广一两个月后可以创造四五十万元的营业收入。但是若以这种方法卖旧课程，大概率无法在两个月后创造 45 万元的营业收入。

再举一个例子。刘媛媛是一个带货主播，英语雪梨老师是一个知识主播。我们经常能在各种公众号或其他渠道看到刘媛媛的相关报道。很多人写文章的时候会提到她，因为她的直播间的成交额很高，经常单场突破 5000 万元或者 1 亿元。而英语雪梨老师的名声就没那么大，她也很少被写进文章里。但是如果按利润来比较，还真不一定是刘媛媛的利润更高。2021 年，有数据显示，仅在抖音学浪上，英语雪梨老师的课程成交额就超过 1 亿元。她的课程几乎是没有成本的，因此 1 亿元中可能有 9000 万元都是利润，而且这仅仅是抖音学浪这一个平台的数据。她每天早上 8 点在视频号上也推广英语课，销量也很可观。虽然很多人都不知道她，但是她靠卖课程获得了不少收入。

所以，知识博主一定要把直播这件事做好。下面我从四个方面解释原因。

一、人、货、场完美搭配，提高转化率

首先，我想稳一稳大家躁动的心。我刚刚提到的内容，包括我的变现、英语雪梨老师的变现，或者大家了解到的其他知识博主的变现，确实很诱人，但是大家不要浮躁。我们不要只看到这些知识博主获得了很高的收入，还要知道他们在获得这些收入之前付出了

多少。

　　我从 2015 年就开始做公众号，到今天已经有八九年的积累；英语雪梨老师在通过新媒体平台讲英语之前，在新东方讲了很多年英语课；刘媛媛之前也有很多积累，而且她是一个非常拼的人。所有我们看到的知识博主所取得的成绩都不是努力一两天的结果，而可能是用超过五年的积累和付出换来的。

　　我分享这些是想告诉大家，这个行业有前途，但不是做了就可以马上有很大的收获，大家可能要持续努力很长时间才能获得不错的收入，所以不要太急躁。

　　任何交易都有三个基本元素：人、货、场。

　　人，就是谁来推广。对于知识博主来说，这个"人"就是知识博主；对于卖货主播来说，这个"人"就是卖货主播。

　　货，就是大家要推广的商品。大家推广书，书就是"货"；推广社群，社群就是"货"；推广苹果，苹果就是"货"。

　　场，指的是场景，就是大家在什么场景下推广"货"。比如我小时候会去赶集，集市就是一个场景，大家都在集市上买东西。我们在直播间里推广东西，直播间就是一个场景；我们在公众号上用软文的形式推广一个课程，公众号就是一个场景。

　　所以，人、货、场是所有交易里三个最重要的元素。我们想要提高转化率，就要从这三个元素着手。

　　之前我在分享怎么拆解"爆款"短视频时讲过，思考要有框架性。在这个问题上也一样，我们要提高转化率，就要学会有框架性地思考。我们分别可以从人、货、场这三个元素着手提高转化率，把每一个元素都做得更好，整体的转化率当然就可以更高。

（一）从人的角度来讲

我们买某位老师的课程时，会特别关心这位老师是谁，我们是否信任、是否喜欢这位老师特别重要。那我们可以思考一下，直播是不是可以提升用户对老师的信任度和喜爱度？

通过图文做推广时，人在幕后；通过短视频做推广时，人在台前；通过直播做推广时，人在现场。这是这三种内容形式在人这个角度上最大的区别。所以，从人这个角度来说，人在现场更容易被大家信任和喜欢。

直播虽然还达不到线下见面的效果，但比图文内容更能拉近与用户之间的距离。直播时主播出现在镜头前，直播对主播的展现会更全面、更立体。大家阅读我的文章，既看不到我的表情、肢体语言，也看不到我尴尬的时候是什么样子，更看不到我出现状况的时候会怎么样处理，等等。因为文章是我精心打磨、反复修改之后发出来的。但在直播间里，随时都可能会有一些突发状况。比如有人在直播间里骂我，我会怎么回应？这些大家在图文里都看不到，但在直播间里，大家可以看到我是怎么处理这些事情的，就会更加全面地认识我。

（二）从货的角度来讲

我在直播间里推广课程，是在直播画面下方放了一个课程链接，用户点开它，看到的内容可能跟公众号的图文的内容是一样的。那从货的角度来说，我们在直播间推广某个产品，跟在公众号用图文推广它有什么不同？其核心的区别在于，人和货是否同步。

比如，大家看公众号的图文时，看到的只有对产品的说明。但直播间里除了有对产品的说明，还有主播的解说，即人和货同步。在直播间大家可以点击产品介绍页面自己看，看的过程中还有主播解说，这两者加起来，就能让大家对课程有更详细、更深入的了解。这一点是公众号的图文做不到的。

再比如，有人想买课，但是他还有一些疑虑，这就是阻碍他购买的因素，那他能不能通过公众号打消这些疑虑呢？大概率是不能。因为很多人懒得打字、懒得问，而且即便留言问了，也很难得到即时解答。因此，他可能就直接不买了。从这一点来说，公众号有点像无人超市和自动售卖机，进入公众号的很多人可能有购买产品的动机，但是又有一些疑虑无法被及时消除，所以这些人没有买就走了。这个时候如果旁边站着一位"销售员"，能够解答他们的疑问，他们可能就会购买了。这一点直播就可以做到，直播间就像服务很好的商场门店，会有人引导用户购物。所以在直播间里，我们可以鼓励大家把疑虑说出来，并要致力于打消用户的疑虑。用户如果留言了，这说明他很可能想要购买，这时就是促成用户购买的好机会。

促成购买的过程，就是一个不断打消用户疑虑的过程。

（三）从场的角度来讲

有种营销策略是请人排队。为什么要请人排队？因为销售是需要营造热销氛围的，而排队可以让销售场面显得更加火爆。大家可能本来没想去某家店吃饭，但是看到这家店有很多人排队，反而想去试试。记得小时候赶集，看到哪个摊位被挤得水泄不通，我就要钻进去看看。

大家在图文内容里是看不到这样的热销氛围的，因为大家不知道哪些人正在下单。但是在直播间里，主播可以经常说"下单了的用户评论'已拍'"，或者可以经常说"感谢 ××× 下单"。这就营造了热销氛围。

前面讲过，用户想买一位老师的课程时，他是否信任、喜欢这位老师很重要。同样，用户买这位老师的课程时，也会关注别人对这位老师的信任度和喜爱度。比如你之前从来没听说过粥左罗，结果进入粥左罗的直播间后，看到那么多人都特别信任、喜欢这位老师，你对这位老师的信任度和喜爱度也会增加。所以，营造热销氛围很重要。

再比如，我们看了一篇公众号文章，并没有很喜欢这篇文章或认可这篇文章的作用。但是有一天，我们参加一个线下活动，这篇文章的作者刚好在台上演讲，下面有五六百人都特别喜欢他。他一演讲完，大家都一哄而上去加他的微信或请教问题。在这种情况下，我们可能会怀疑自己，为什么我看文章的时候没有那么喜欢他，是不是自己出问题了？

很多时候我们会借助第三方的评价去营造热销氛围。假设大家是带货主播，想在直播间卖自己家的苹果或者橙子，就可以在直播间里展示订单，比如说出谁刚下了单、谁的订单被打包好了、谁的订单被发出去了。这就是在营造一种热销氛围，能有效提高转化率。

从人、货、场这三个元素的完美搭配来说，直播间的转化率比公众号更高。

二、直播可以转化图文转化不了的用户

直播可以转化图文转化不了的用户，原因如下。

（一）每个人获取信息的方式不一样，图文有图文的受众，直播有直播的受众

有时候不是大家的文章写得不好，而是用户就不爱看文章。比如我们公司有一个设计师是"70后"，他就是一个典型的不爱看文章的人。他说超过1000字的文章他就看不下去，平时只能看一些视频或字比较少的书。

对于这样的用户，我们就很难用图文去转化他。但在直播间里，这部分人可能就会很喜欢我们推广的产品，并有可能在直播间购买。

（二）大家的内容消费偏好在改变，越来越多的人喜欢直播而不是图文

我的公众号有百万粉丝，但是常读用户只有十几万，有很多人关注着这个公众号，但可能一个月都不会打开看一次，但是我开直播可能会促使一部分不常打开公众号的人进入直播间。这是因为现在大家对内容消费的偏好不一样了。

（三）图文情绪弱，直播情绪强

我们想用图文激发用户的情绪要经过很好的锻炼才能做到。但是直播间是自带情绪的，因为人本身就是有情绪的，而直播内容是通过人呈现的。在阅读图文的时候，大部分人是比较理性的，人在很理性的状态下，购买欲就会弱很多。

当然，本部分讲的原因不会面面俱到，但是大家要注意一点：**虽然直播可以转化图文转化不了的用户，但是我们一定不能放弃图文。**

有很多用户是直播转化不了的，还是需要用图文来转化。因为有些人觉得看直播比较消耗时间，或者直播是很即时性的东西，当下没时间就无法观看了。但对于图文，当下没时间看，可以先收藏，等有时间再看，看完觉得有用就可以下单。

所以我们一定要有图文，并且我们要明白：**每种形式都有其优缺点，任何一种形式都不可能转化所有用户。**

我们只做图文不行，只做直播也不行，只发朋友圈也不行，各种方法都要尝试。这样，我们每尝试一次可能都会有新的收获。

三、直播流量可以反复用

大家如果经常听我的直播，就会发现我每天直播时都会推广课程，但是我不会每天都在公众号上发课程软文。如果我每天都在公众号上发课程软文，用不了几次，大家就都不会再关注我的公众号了，因为大家关注一个公众号是为了看文章，不是为了每天看广告。但是我在直播间每天推广课就没问题，因为我的直播是有一个固定节奏的。我基本会用 20 分钟讲干货，用 10 分钟推广课程。如果用户已经买过课程了，那没关系，他来听我讲干货就好，我推广课程时，他可以退出直播间或者先去干点别的，等到我讲干货时他再来听。

但是一篇公众号文章如果是一篇课程软文，那它就是一篇广告性文章。对已经购买了课程的用户来讲，这篇软文里哪怕有干货，也不符合他的期待，用户看多了就会觉得我们天天都在推广课程，干脆取消关注了。因此，从大的方面来讲，直播流量可以反复用，但公众号的图文不行。

另外，对于某一场独立的直播或某一篇文章来说也是一样。在公众号上，我不能每天都发课程软文，但是我可以在每一篇干货文章的文末贴一下课程海报和链接，有购买需要的用户可以直接下单。这里会出现一个问题，大部分人是看不完文章的，那这些看不完文章的用户我就无法触达。但在直播间里，我可以每 20 分钟推广一下课程，反复触达潜在用户。

所以从这两点来说，直播流量可以反复用，但公众号的图文流量不行。

四、直播可以转化公域流量里的新用户

之前有人问，为什么英语雪梨老师的直播内容没有太多新信息，也实现了成交增量？答案是显而易见的。因为她只需要转化新用户，不需要服务老用户。如果用户已经购买了我们的课程，我们每天直播都讲相似的内容，他就不会进入直播间；如果用户是老用户，看了很多遍我们的直播但没有购买课程，那说明他不是我们的目标用户，我们讲再多新内容也转化不了他；如果他是新用户，还没有购买课程，那我们每天讲的内容对他来说就是新鲜的。

所以其实英语雪梨老师的做法是对的，因为她的每一分钟都用来转化新用户了，她在内容上没有创造增量，但是她的转化率高，她一直在创造成交增量。

我的做法从转化的角度讲反而不是特别好。我一直在照顾很多已经买过课程的用户，希望大家听了我的课后还能多来直播间听听我的其他想法，这样对大家的学习会更有帮助。但这样转化的效率会变低，成交增量相对来说也比较少。

实际上我也应该像英语雪梨老师那样，既然大家已经买了我的

"成为时间管理高手"的课程，我就不应该再在直播间讲时间管理，因为我直播的每一分钟都应该用来转化新用户。大家已经买了我的课，我还在直播中继续讲课程中涉及的内容，从转化的角度来说，这就是在浪费时间，因为大家不会再给我创造新的成交增量。

　　所以，理论上我应该针对每个产品总结出一套转化效果最好的话术和干货，然后每天循环讲，因为我要通过直播转化公域流量里的新用户。这也是知识主播一定要做直播的一个重要原因。我们做公众号图文基本上只能转化已有的用户，因为公众号的公域流量来自朋友圈分享，可是很少有人会把一篇软文转发到朋友圈；但直播间会不断有公域流量进入，这些公域流量都是我们可以转化的新用户。这个途径是非常重要的，我们做任何一件事情，都要持续有新收获才有意义。

第二节

持续：知识主播如何做到持续直播、轻松直播

解决问题的前提是先清晰地定义问题、找到问题。针对这个问题，我总结了很多人在直播方面的五个痛点：

1. 直播时不知道讲什么内容，不能持续输出干货；

2. 每次准备直播内容耗时很长；

3. 每次直播前，化妆、准备物料、准备产品耗时很长；

4. 直播既耗体力又耗脑力，还费心力；

5. 直播时不够自信，心理压力大。

接下来，我们来解决问题。我从以下十个方面进行了方法总结。

一、拓展内容来源，让自己有讲不完的内容

内容来源大概可分为十种，具体如下。

第一种：出过的课程。作为知识主播，很多人都有自己的课程，这些课程就可以成为直播的一个内容来源。

第二种：写过的文章。如果大家在微信公众号、今日头条、知乎等平台写过文章，就可以把写过的每一篇文章都拿出来讲一遍。

第三种：拍过的短视频。很多人都拍过短视频，大家也可以就这些短视频在直播间进行分享。

第四种：大家的各种分享。大家可能在别人的社群中、在公司内部、在线下做过分享，所有这些分享过的内容，都可以拿出来在直播间里再讲一遍。

第五种：社交平台记录。很多人会发朋友圈记录自己的思考、观点、认知，这些内容其实也是一种内容来源。

第六种：今日思考。每一个爱学习、爱思考的人都会有很多的今日思考，比如大家在看书、听课、刷朋友圈、看社会热点时产生的思考。每次产生这些思考后，大家记下几个关键词，在当天晚上直播的时候就可以讲出来。

第七种：读过的好书。大家读过的任何一本好书都能支撑一两个星期的直播，比如我可以把一本书讲半个月。

第八种：听过的好课。大家可以把听过的一些好课和随之产生的思考分享给大家。

第九种：看过的好文章。一篇好文章带给你的启发、使你产生的新的认知，都可以放在直播间里讲。

第十种：学员案例分享。大家还可以讲带过的优秀学员案例，而且这是推广自己的产品的好方法。大家也可以和学员连麦，让每位学员分享半小时，讲讲自己的故事，在这个过程中大家可以顺便推广自己的产品。

二、放弃准备逐字稿和脚本，只列大纲和关键词

为什么要放弃准备逐字稿和脚本？

首先，准备逐字稿和脚本耗时耗力，很难持续。如果在直播前准备逐字稿，一个小时的直播至少需要准备 3000 字的稿子，两个小时至少需要准备 6000 字的稿子。试想以大多数人的写作能力，写 6000 字要花费多长时间？很多人写一天可能也写不出来，有的人甚至要写两三天。这样的直播，大家做不了几次就会崩溃，显然做不到持续。

其次，如果大家不熟悉逐字稿，直播的时候既背不出来，又影响即兴发挥。有了逐字稿后，大家基本上就不会想即兴发挥了，但是又记不住原稿，于是老低头看稿子，现场呈现的效果就很差。如果放弃逐字稿和脚本，只列大纲和关键词，这时候，我们的心理预期就是不看稿子、不背稿，相当于已经做好了临场发挥的心理准备，直播时反而可能讲得更好。

所以，我建议大家，做直播一定不要准备逐字稿和脚本。那么只列大纲和关键词，应该准备哪些方面呢？主要是两方面：一是观

点和认知，二是场景和案例。后者尤为重要。

很多人说直播时讲干货，感觉一会儿就讲完了。这其实是因为大家只讲了观点和认知，其实还应该多展开讲讲这些观点和认知在不同场景的应用和案例。

大家一定要记住，直播和写文章不一样。我们在直播时一定要学会展开讲，多讲一些案例、故事和自己的体会。在直播间里，讲案例和故事的效果比讲干货的效果好，跟大家互动的效果比自己讲的效果好。只有习惯了只列大纲和关键词，才更容易做到持续直播、轻松直播。

三、"憋大招"时重运营，平时轻运营

什么叫"憋大招"时重运营？当我们要做一次"爆款"直播或实现超级转化时，就要"憋大招"，着重运营这次直播，把自己的各种资源都用上。

"憋大招"是为了制造势能、打造里程碑事件、成为宣传物料。比如，我们投入很多资源做了一次八点一刻的直播，是为了造势，它能让大家知道粥左罗做了一场单场观看量为 30 多万的直播。这场观看量为 30 多万的直播是势能，是里程碑事件。一方面，我们集中力量打造里程碑事件，能为自己、团队带去信心，会让大家觉得可以把直播这件事做得很好；另一方面，我们每一个里程碑事件都是将来可用于宣传的素材，一次单场观看量为 30 万的直播会成为接下

来一年的宣传素材，让大家知道我们做直播是有成果的。

但是我们不可能天天想着"憋大招"，就像"双 11"活动不可能每个月都做。

在日常的直播中，我们要学会轻运营，不要每一场都准备很多东西，不用每次都专门准备很多话术和海报，也不用每次都专门运营私域流量、化妆、做发型。只有这样，我们才能做到持续直播。真正的积累得靠平时的坚持，最好的努力是持续和稳定。

所以，最好的方式是平时轻运营，保证持续性和稳定性；"憋大招"时重运营，投入资源出"爆款"。

四、梳理一份相对成熟、固定的直播准备清单

从人、货、场这三个元素出发，每个元素都需要一套相对成熟、固定的直播准备清单。下面以我做直播为例进行说明。

首先是人。之前，我每次直播前都要专门去楼下的理发店做一次发型，一来一回就要一个小时，很耗费时间。为了减少打理发型的时间，我后来专门去烫了头发，现在每次直播前就不用专门去做发型，能以一个比较稳定、比较好的形象出镜。化妆和穿着也是，我们应尽可能把它们都固定下来，不要直播前专门去想、去准备。

其次是货。我现在在直播中推广的产品基本上是我的音频课、训练营和社群，就可以针对产品准备一份固定的清单，清单内容包括上下架流程、发货流程、物料和接待话术等，直播时直接套用就

行，不需要每次都单独准备。

最后是场。每天直播时三脚架的位置、高度、角度都是固定的，我坐的椅子的位置也是固定的，甚至连旁边的桌子、灯光、白板都是固定的，我平时都不动它们。每次要开播，我往椅子上一坐就可以开始，不用一次次地花时间调整。

如果大家每次直播前都要重新准备这些东西，就很难做到持续直播和轻松直播，所以一定要梳理一份相对成熟、固定的直播准备清单。

五、保证充足的睡眠

直播时，主播的现场状态很重要。如果我们休息不好，面对各种提问就会反应慢半拍、走神，这样就不可能取得好的直播效果。所以直播前，我们一定要保证充足的睡眠、旺盛的精力，这是我总结的一个非常重要的经验。

直播真的非常考验主播的现场状态。如果我们休息不好，在直播间遇到质疑时可能就会容易生气；但是我们状态好的时候就不一样，整个人都会很有激情，笑容也会变多，直播的互动性也会更强，面对质疑我们还可能很幽默地回复，这样其他观众可能会被我们的人格魅力吸引。

我们在精神状态不好时，会觉得做直播是在完成一场任务，无法享受整个直播的过程。这种情况下我们的单场观看量就不太高，因为用户没办法被我们调动，直播的互动性不强，系统就不会给我们流量。

我们平时是可以感受到自己的状态的，如果觉得自己精神恍惚，一定要赶紧睡一觉。我一般在重要直播的前一天都会强制性地让自己早睡，就算不困也会去睡觉，就是为了保证自己第二天有更好的精神状态。

我专门研究过自己的状态和销售转化数据，二者真的是成正相关的。我的状态越好，互动越好，当天的销售转化数据就越好。如果我的状态特别差，那么当天的销售转化数据往往不好。

所以我们在直播前一定要保证充足的睡眠。

六、丢掉完美主义心态，做真实的自己

做直播一定要丢掉完美主义心态，做真实的自己。有的人总有一些包袱，这样会特别累，而且一旦出现直播事故他们就会一蹶不振。我们明明只有七分的水平，但总想让自己看起来有八九分的水平，其实我们到底有几分的水平是骗不过观众的。

很多人在开始一场直播前，老想着"我要表现得更好"，然后对自己的表现抱有很高的期望。其实我们的期望越高，可能越心累，因为达到我们期望的那种高水平的状态其实很难。

之前我们的嘉宾鱼鱼老师给大家做分享，因为她是第一次直播，所以直播前我就跟她说："如果你确实对稿子不熟悉，刚开播的时候

就告诉大家'我准备了很多稿子，记不住的时候会看看'，不要明明准备了稿子还假装没有稿子，明明记不住稿子还自认为能脱稿。"在直播间里，做不到的东西，我们就不要装作能做到，否则就是在给自己"挖坑"。我们在紧张的时候就可以说"我现在有点紧张，我稍微缓一下"，这样观众可能会更喜欢我们。

在直播间里，我们要真实，真实就不会心累。我们不要过度包装，因为过度包装总会露馅儿；也不要过度谦虚，过度谦虚其实也是一种非正常表现；更不要在直播间里频繁地"抖机灵"，这很容易使观众反感。

作为一个知识主播，我们不能把自己的姿态放得过低，因为这样就失去了人格魅力，我们要展示出"我的认知是可以征服你的"那种自信；不要怕暴露缺点，也不要掩饰自己的缺点，我们的缺点会让我们显得更真实。比如抖音上一些女性博主拍短视频时素颜出镜，反而得到了更多的认可，因为大家觉得她们很真实。

如果这些我们都做到了，做直播就不会让人觉得心累了，我们就可以轻轻松松地坚持下去了。

七、有自己的直播节奏，且能够掌控节奏

直播要有自己的直播节奏，而且这个节奏得是我们能够掌控的。比如我平时的直播节奏就是先用 20 分钟讲干货，10 分钟推广课程，再用 20 分钟讲干货，10 分钟推广课程，如此循环，最后的半个小

时可能就用来聊天、答疑。

那应该怎么掌控节奏呢？如果在讲干货时不想回答问题，就告诉大家："我现在不回答问题，如果大家有问题，可以等半个小时或一个小时以后再问。"我们也不要被质疑和"黑粉"打乱节奏，很多人做直播、做短视频时特别怕被别人质疑，其实不用怕，遇到这种情况，大不了直接将其拉黑或禁止其评论，不要被别人的质疑打乱自己的节奏。

每次开始直播时，先告诉自己："我今天一定会遇到质疑的人，一定会有一些人不喜欢我，但我不怕。"这体现了斯多葛学派的一种处世哲学：我知道我在这个世界上会遭遇背叛，遇到背信弃义之人。以这样的心态面对每一天的生活和每一场直播，我们就能从容不迫地应对质疑和"黑粉"。

不要认为自己会得到所有人喜欢，不要认为自己做得足够好就不会受到任何质疑。如果以这样的心态做直播，很容易就被打乱节奏。

八、建立自己的核心粉丝群

从长期考虑，我们最好建立自己的核心粉丝群，然后在群里招募几个线上的助手，他们可以在每次直播时帮我们做一些维护、热场等运营工作，这会让我们取得良好的直播效果，更有信心。因为我们会觉得直播时有一群人在帮我们、维护我们。有一帮铁杆粉丝每天支持我们，我们就会很开心、很有底气，直播时的场控效果也会更好。

如果没有核心粉丝群，我们会觉得自己是一个人在战斗，每天开直播不知道会遇到哪些"黑粉"、质疑；如果有核心粉丝群，就会有一些铁杆粉丝做我们的线上氛围运营官，他们在遇到"黑粉"时会强力出击，我们就会很有底气。

九、不应该只关注单场观看量和转化率

我们在直播时要在心里建立一个认知：不应该只关注单场观看量和转化率。刚开始直播时，单场观看量和转化率通常不会很高。如果单场观看量不够高，或者还没有实现转化，我们也不要着急，要知道每一天的努力都是在给未来添砖加瓦、铺设道路。

我看过李自然老师的一次分享，他说自己最开始在哔哩哔哩平台上分享了 20 期内容，就只有几百个粉丝，观看量也很低，但是他知道这是正常的。很多人认为自己做了 20 条短视频，粉丝量只有两三百是不正常的，就放弃了。但是李自然老师认为大家都是从零起步，凭什么自己更新 20 条短视频就要有几万粉丝？有这样的结果才是不正常的。直播也一样，如果我们是新人，刚开始直播，直播了 10 次、20 次，单场观看量还是只有几十或者几百，我们也要告诉自己这是正常的，一定不要拿着自己的起步去跟别人几年的积累比较。我做新媒体积累了七年，才能做到一场直播有几千人看。如果刚做

了几个星期就要跟七年的积累去比，那大家当然会觉得自己不行。

所以不要只关注单场观看量和转化率，我们还要关注自己各方面能力的提升。每次直播后我们都会获得提升，比如表达能力越来越强，知识储备越来越丰富，面对镜头越来越自信，控场能力越来越强，等等。这些才是我们应该关注的，因为这些都是在给未来的成功做储备。

十、选择一个可以长期直播的固定时间段

做直播一定要选择一个可以长期直播的固定时间段，其好处是会给我们的用户提供确定性。比如我基本上固定在晚上八点直播，我的大部分用户知道每天晚上八点可以看我的直播。

所有产品都要遵循一个重要原则，就是提供确定性。如果我喝一款饮料，它的味道每天都不一样，有时好喝，有时难喝，这就不叫产品了，因为它不能提供稳定性和确定性。所有能持续、稳定地满足用户需求的，才可以被定义为产品，我们每天做的直播也是一个产品，因此其也要提供确定性。所以我们要选择一个可以长期直播的固定时间段，并且尽量坚持在这个时间段直播。

第三节

人：直播带货中人的修炼——如何成为高效转化的主播

一、主播必备的一个认知

主播首先要有一个认知：作为主播，不要不好意思带货，不要总是排斥营销。很多时候用户到直播间来就是想买东西的，如果他不需要买东西，可能也不会来我们的直播间。

我们作为知识主播，千万不要让用户把我们定义成"一个过于有情怀的人"，否则我们的产品就不好推广了。很多 IP 的运营者就很聪明，专门写有关"自己为什么要接广告"这类话题的文章，甚至还讨论过"为什么不要让写作者这么穷，要让他们富一点"等话题。他们通过写这些文章，不停地告诉用户：我是要获得收益的，只有获得收益才能持续创作好内容，虽然我赚大家的钱，但我会给大家提供很好的价值。

赚钱的本质其实是价值交换，我们给用户提供价值，用户用钱

换取我们提供的价值。

比如你在写作，但是写了很久一直没写出特别满意的文章，于是每天苦思冥想，不知道怎么办才好。这时你发现我有一门课程，这门课程能解决你一直解决不了的问题，那你就会愿意去买这门课程。虽然你付费了，但你的问题得到了解决，这是一件双赢的事情。

所以我们要发自内心地相信和认同：创造商业价值是这个世界上美好的事情之一。别人买我们的产品，是因为我们的产品能够满足他的需求，能够解决他的困难，这是一件很美好的事情。

大家做出了好产品，如果收益越多，就说明大家为这个社会创造的价值越多。

二、主播拥有的四个身份

作为主播，我们至少拥有四个身份，分别是主持人、表演者、销售员和陪伴者。

（一）第一个身份：主持人

我在开播时会告诉大家，今天的主题是什么、大概讲多久、今天直播的节奏是怎样的、会上架哪些课程、有什么样的优惠、几点发优惠券等。主播的第一个身份就是主持人，我们要从头到尾地把控整场直播的节奏。

（二）第二个身份：表演者

我们直播时，需要通过十分形象的表演来展示产品，让用户看到这款产品能够解决他的问题、满足他的需求，这时主播的身份就是表演者。

当然，这并不是让大家用表演的方式来作假。比如推广的产品本身是酸的，我们就不能为了让用户下单，通过表演告诉用户它是甜的。

（三）第三个身份：销售员

在直播间里，主播还有一个重要身份，那就是销售员。我们要能够很好地向用户介绍产品的卖点、优惠信息等，以推动用户下单购买。

（四）第四个身份：陪伴者

现在有很多主播解决了老人感到孤独的问题。那些老人闲下来就看看直播，还看得很开心。这其实就是主播提供的一种陪伴价值。

我曾连续直播 100 天，对很多看我直播的人来说，我也算一个陪伴者，并且是一个成长型陪伴者。

我们为什么要当陪伴者？因为很多成交不是靠一场直播就能促成的，我们得通过长期陪伴让用户喜欢且信任我们，这样成交量才会越来越高。直播是一件细水长流的事，我们不要想着每个用户一进直播间就马上被我们转化。

三、主播需要具备的六项能力

主播需要具备六项能力，分别是气场状态、语言表达能力、情绪带动能力、产品讲解能力、激发需求能力、销售说服能力。

（一）气场状态

主播的气场状态决定了整场直播给用户的感觉，进而影响直播间的转化率。

我最开始通过直播推广知识付费产品是在 2020 年，那时候我还没有经验，我每一次直播时都会紧张、焦虑，担心课程推广得不好、自己的表现不好，但我最担心的还是自己的气场状态不好。

那我是怎么解决这个问题的呢？我的方法是模仿借鉴。每次直播前，我都会打开优秀主播的直播回放，感受他们在直播间里的气场状态。每次我都会思考：他们是怎么做到声音那么洪亮、肢体动作那么有自信、表情管理那么恰到好处、眼神那么诚恳的？我会去学习他们做了什么动作、有什么表情、说了什么话、用了什么样的语气，以使自己在直播的时候也达到同样的状态。所以我们要学习优秀主播的气场状态，学他们的声音状态、肢体状态、表情管理等。

有些人直播时不注重自己的声音状态，他的声音可能让大家感觉他没有自信、没有力量、没有节奏；有些人直播的时候，不注意自己的体态，有时弯腰驼背，有时把脸贴在屏幕上。其实这些都需要管理，我们要有意识地学习优秀主播，在气场状态上要做到自信、自然、真实、真诚、有激情。

这些词的反面是我们需要避免或改进的地方。自信的反面是心虚，如果我们推广产品的时候很心虚，那么没有人会买我们的产品；

自然的反面是做作，如果我们表现得很做作，大家通常不会喜欢我们，自然没有人愿意买我们的产品；真实的反面是过度包装，有些人过度包装产品，使本身没有什么价值的产品看上去价值很高，这是不可取的；真诚的反面是虚伪，比如有些人直播明明就是为了获利，非要在直播的时候说自己不是为了获利，而是为了获得快乐；有激情的反面是沉闷，我们想促使用户下单，就要去唤醒用户的情绪，如果我们自己都处于一种很沉闷的状态，用户的情绪自然不会被唤醒。

我把气场状态排在第一位，是因为如果我们的气场状态不好，其他能力再强也不起作用。

（二）语言表达能力

语言表达能力包含两个方面：一是将已经准备好的内容条理清晰地表达出来的能力，二是根据现场反应进行互动的即兴表达能力。

就像歌手不能只把在录音棚里录好的作品呈现给大众，还要能在演唱会现场跟大家互动，直播也是一样。直播间是一种现场，现场的互动感强，这场直播和这个主播就会更有魅力。所以我们在做直播的时候，要根据用户的反应去做好互动。

提升语言表达能力可以从三个方面入手。

1. 既要严肃，也要幽默

讲产品时，我们要严肃地讲清楚产品的质量认证、原材料、产地等信息，给大家一种信任感；讲干货时，我们要严肃地拆解干货内容，比如"什么叫复利思维""在我们的生活中，复利思维具体怎么使用""怎么利用复利思维实现更快的成长"等。

但只有严肃表达是不够的，有时我们在直播间里还要展示一下自己的幽默感，讲讲段子。因为直播间的气氛不能一直非常紧张，我们有时也需要活跃一下气氛。

2. 既要专业，也要接地气

我们介绍产品时要非常专业，让别人信任我们，进而愿意购买产品；同时也要能讲出这些产品在生活、职场等具体场景中实际运用的接地气的例子。

我在直播时，既会很专业地讲干货，也会很接地气地举例子。我不能从头到尾一直讲干货，一是没有那么多干货可以一直讲，二是案例里面的很多细节能让大家更容易地理解干货，也更能打动人。

3. 既要会一句话带过，也要会展开讲

如果我在直播的过程中，每次互动都一句话带过，那么互动的效果就不好；但每次互动都展开讲，也会打断正在讲解的内容。

所以我们在直播时要有这个意识：该展开讲的问题要展开讲，该一句话带过的问题要一句话带过。

以上是提升言表达能力的三个方面。接下来，我会分享三点关于提升语言表达能力的建议。

第一，养成写作、记录的习惯。有些人虽然一直在说话，但是说的话前言不搭后语，没有条理，导致别人听不懂他在说什么。养成写作、记录的习惯，不仅是让大家养成写文章的习惯，也是养成写几句话、记录碎片化内容的习惯。我们在直播间讲的内容很多都是碎片化的，所以养成写几句话、记录碎片化内容的习惯可以慢慢地提升我们语言表达的完整性、逻辑性、条理性。

第二，平时多看别人的直播。我平时经常去别人的直播间看别人回答问题，在这个过程中我会思考：这个问题是不是必须回答？这个问题他为什么要这么回答？这个问题还有别的回答方式吗？等等。一旦坚持这样做，我们就能从别人那里学到很多东西。

第三，自己多直播。我们直播的次数越多，遇到的直播状况越多，得到的锻炼就越多，语言表达能力就会越强，尤其是即兴表达能力。

（三）情绪带动能力

如果没有情绪带动能力，我们的直播间只会死气沉沉的。情绪带动能力包括三个方面，分别是个人表现力、互动带动力、精力旺盛力。

1. 个人表现力

个人表现力就是综合使用眼睛、嘴巴、肢体语言，甚至整个身体，从而展现自信的能力。如果我们没有自信，那个人表现力一定不会好。

倪忆菁老师说："如果你想做一个知识 IP，就要有'站在舞台上，我就是主角'的自信。如果你没有这种自信，怎么能够在台上发光呢？"俞敏洪老师说："一个自卑的人一定比一个狂妄的人更加糟糕，因为狂妄的人也许还能抓住生活中那些本不属于他的机会，但自卑的人永远失去本来属于他的机会。"

我以前做过线下的千人分享大会，分享时我会不断地给自己打气，让自己从心底里相信"我就是最靓的仔"，这样我就会有更好的表现。

我们若不自信，是绝对没有个人表现力的。

2. 互动带动力

互动带动力要求我们要勇敢地发出指令，引导受众。做直播的时候，我们得敢让大家和我们互动，得敢于说"喜欢我的评论'1'""今天晚上点赞量要到 10 万哦"这样的话。有些人会想：点赞量到 10 万，是不是太多了？是不是没人愿意给我点赞？我们不能这么想，而是要大胆地相信：我们发出的每一个指令、引导大家做的每一个动作，一定会有人听，一定会有人跟着我们的指令做动作；只要有一个人听从我们的指令行动，就会带动第二个人，第二个人会带动第三个人……

3. 精力旺盛力

如果我们死气沉沉地坐在镜头前，当然不可能带动大家的情绪；如果我们的精神状态很好，很有激情，就能把大家的情绪带动起来。

要提升自己的情绪带动能力，除了要提升以上三种能力，还要提升现场感知力和把控能力。我们在直播的时候，要感知观众的反应，如果有人喜欢我们的表现，我们就可以大胆继续做下去，这样才能很好地带动大家的情绪。

（四）产品讲解能力

如果我们对自己推广的产品不够熟悉，一问三不知，那么绝对推广不好产品。

比如我在推广一门课程时，对于这门课程能解决哪些痛点、适合哪些人群、有什么独特价值，都要烂熟于心，这样才能真正推广好这门课程。

如果大家是带货主播，那么一定要花时间了解、研究、提炼、总结产品的卖点、适用的人群、价值等。假设我们在直播间推广一款口红，如果完全不了解它，我们就只能说："这是口红，有人涂口红吗？涂的话你买一支吧。"这样肯定推广不出去。这款口红有多少个色号、每个色号适合什么年龄层的人、每个色号搭配什么衣服或者可以凸显什么气质、这款口红是容易卸掉还是可以持妆一天……对于这些，我们都要了解清楚，然后详细地向用户阐述。

所以，我们无论想推广什么产品，都得对其非常熟悉，并且做好充分的准备。

为了在直播中推广产品，我会准备各种话术。推广"21天写作训练营"的话术、推广"新媒体变现圈"的话术、推广"成为时间管理高手"的话术等，每一门课都有各自对应的话术。只是我现在已经熟悉这些内容了，很多时候不需要提前准备，但是对于一些没那么熟悉的内容，我一定会多准备、多了解。

总之，大家想要推广好一个产品，就要提升产品讲解能力。在最开始直播时，大家不要完全靠即兴发挥，一定要提前准备讲解产品的话术，因为刚开始带货的时候，大家的即兴发挥能力往往不够强。

（五）激发需求能力

直播电商和传统电商之间最大的区别就在于，用户需求是自发的还是被激发的。

传统电商平台的用户的购物路径是：用户有一个需求，带着这个需求去淘宝、京东搜出几款产品，对比各种信息之后，选择其中一个产品，下单购买。但是直播电商的用户的购物路径是：用户在没有需求的情况下刷抖音、视频号等，点进卖货的直播间，在主播的解说下，觉得自己需要这个东西，然后下单购买。

所以大家一定要知道：大多数人在进我们的直播间之前，并不知道我们要推广什么产品，也没有明确的需求，作为主播，我们要学会激发他们的需求。

用户进直播间听我分享时，该怎么激发对方的需求呢？比如，用户本来没有写作的需求，我在直播间说："新进直播间的朋友们，我觉得在这个时代，每个人都应该学学写作。我知道你们中的很多人不是新媒体行业的，不运营公众号，也不写短视频文案，但是这是一个自我营销的时代，这是一个'酒香也怕巷子深'的时代。你们难道不觉得，如果你很有本事，就更应该宣传自己吗？如果你想宣传自己，但不会做内容，怎么办？你应该学一学写作。写作是一项基本的能力，可以让你产出内容，实现宣传自己的目的。"本来有些人以为自己不需要学写作，结果听我这么一说，心想："确实！我也得学写作。"然后他们可能就下单了。

再比如，某位用户本来觉得不需要学时间管理，结果我说："一年又快过去了，你们是不是感觉跟去年相比，自己没有多大的成长？为什么你们在年初列了很多计划、定了很多目标，到年底都没完成？因为你们没有进行长周期的时间管理，你们每天想的都是'我今天怎么做更高效，明天怎么做更高效'，但更应该想想怎么让自己每年迭代一个版本。"他听完可能会觉得："确实，我需要进行长周期的时间管理，要是早听到这门课就好了。"然后他可能就下单了。

所以在直播电商的场景下，用户的需求是被激发出来的。只要话术准备得好，并且努力激发用户的需求，我们的产品就一定有用户购买。

（六）销售说服能力

销售说服能力包括三点，分别是掌握基本销售话术、捕捉销售线索的能力和推动下单的能力。

1. 掌握基本销售话术

我们如果要推广私域变现课，就得熟悉销售话术并将其牢记于心。这样当用户有疑问的时候，我们就可以快速、准确地回复。

那我们怎么知道自己要准备什么销售话术呢？平时多看评论区，看看大家对产品有哪些疑问，就可以准备相应的话术来消除用户的这些疑问。

这里推荐一本叫《影响力》的书，这本书会教大家怎么做销售、做销售需要掌握哪些基本技巧，比如制造紧迫感、制造稀缺性、利用权威背书、利用案例展示等。

2. 捕捉销售线索的能力

我做公开直播的时候，如果看到评论区里有人问到关于"新媒体变现圈"的问题，便不会放过这条销售线索，并立马告诉他"你在后台给我们发私信，客服会马上回复你"或者"如果你看了详情页还有疑问，可以加一下客服的微信"。

大家在做直播的时候也要关注直播间的评论区，而且直播间的观看人数越少，大家越要关注评论区，因为每个提出疑问的人都是对产品感兴趣的人，否则他们不会特意打字问问题。

除了关注评论区，还有另一个捕捉销售线索的方式是，关注待付款订单。我们在后台每天都能看到一些待付款订单，我会跟同事说："你们看到待付款订单时可以主动私聊用户，问他为什么没有购买、有什么疑惑，或者有什么可以帮到他的。"

3. 推动下单的能力

如果有人和我说："粥老师，我想先学完某门课程再买你的'新媒体变现圈'。"那么，我会对他说："'新媒体变现圈'是有学习期限的，明年10月28日到期。你现在买，可以早点学习，而且现在买比较便宜，之后再买的话，肯定会更贵。这是为你好，让你花更少的钱，却有更多的时间学习新媒体变现。"

大家在直播间推广课程的时候，如果有人问："'小白'能学这门课程吗？"大家要马上推动他下单，告诉他"小白"可以学，以及为什么"小白"可以学，为什么"小白"学得会，等等。

直播的时候如果有人评论，大家一定要大大方方地推动他下单。很多时候，成不成交就看有没有推动下单这个动作，有的话可能用户就下单了，没有的话这个订单可能就错过了。本质上，这个世界没有多少产品是刚需产品。我的"成为时间管理高手"是刚需产品吗？不是，不学时间管理，用户每天也睡得着、吃得香。所以，我们在直播间带货时，要有促单意识，推动用户下单。

很多人没有促单意识，或者虽然有促单意识，但不好意思推动用户下单。在我的理解里，如果我的产品好、我这个人还不错，为什么不让我推广产品呢？我有什么不好意思的呢？同理，如果大家坚信自己推广的产品是好的，是对用户有帮助的，用户买了产品之后能够获得价值，那就大胆地推广。

看完以上内容，大家可能会觉得："哇！我学到了好多！"其实大家只是理解了，如果不实践，便什么都学不透、做不好。下一次开直播，大家可能还是会忘了促单，忘了捕捉销售线索，忘了让用户配合做一些加粉丝团、点赞、评论这样的动作。那大家什么时候可以做好呢？通常是在大家直播了 10 场、20 场、30 场之后，会在实践的过程中不断内化这些知识，越做越好。

　　所以一定要记住，任何能力的提升都需要我们持续地学习和实践。我们想要学会游泳，肯定需要先下水。

第四节

货：直播带货中货的包装——如何包装产品以提高转化率

如果大家是做与销售相关的工作的，那么本节内容特别值得大家看。如果大家的工作和销售不相关，但特别关心怎么做自我营销、怎么提升自己的影响力，这节内容也值得大家认真看，因为底层逻辑是一样的。

一、为什么要包装产品

首先，一个产品明明很好为什么还需要包装？如果我只是出现在直播间里，却不去展示自己，人们知道我是一个很有干货的人吗？肯定不知道。人是这样，产品也是。假如我们有一个很好的产品，但没有告诉大家它很好，那用户是不知道它的好的。比如我现在要把某款饮料卖给用户，但用户没有喝过这款饮料，不知道它好不好喝，那我就需要通过我的讲解和展示告诉他这款饮料很好喝，让他买一瓶尝尝。

大多数产品的购买都类似于拆盲盒。我们买一个吃的东西，只有尝过之后，才知道它好不好吃；买一个包，只有背过之后，才知道它好不好用。所以，对于大多数产品，我们只有使用后才知道它好不好。换句话说，我们的产品再好，但不将它的好呈现出来，用户是不会知道的，所以我们需要反复地、多角度地、全面地、深入地展示出我们的产品的好。

我们的产品有价值，就要通过包装把这一价值完全展示出来，让用户在买这个"盲盒"的时候尽量不那么"盲"，让他提前看到一些关于这个"盲盒"的信息。

所以，包装就是一种呈现技巧。我们应该思考怎么把产品的价值呈现在用户面前，让他在下单之前觉得不是在买"盲盒"。

二、产品包装主要体现在哪些地方

所谓包装，就是展示产品的方方面面的东西。

一个实物产品，比如茶叶，盒子就是它的包装，包括了名字、重量等信息。不在盒子上写重量为 125 克，用户就不知道里面有 125 克茶叶；不在盒子上写"形美、味甘、香郁、色绿"，用户就不知道茶叶的品质如何。再比如，包装上印着杭州市西湖区龙井茶产业协会的权威背书，用户就会知道这个龙井茶很正宗。

对于直播带货来说，包装主要体现在两条路径：销讲路径和购买路径。

（一）销讲路径

销讲就是主播用自己的表达技巧来包装产品，让用户觉得产品很值得购买。销讲路径主要包括产品展示、销售讲解、促进下单3个环节。

首先，主播要在直播间展示产品，比如销售茶叶时，我们要拿出茶叶来给大家看一下一盒有多大、一共有多少克，这就叫产品展示。其次，我们还需要做销售讲解，比如介绍这个茶叶好在哪里、适合什么样的人喝等。最后，我们还要促进下单。我们在带货直播间经常听到这样的话术："好，我们的产品准备上架了，总共300件，5、4、3、2、1，上架。现在大家看到的价格是259元，咱们原价是888元，最后50件了，最后20件，最后10件，没了。"这其实就是一种促进下单的方式，即通过限量低价抢购的方式推动用户下单。

（二）购买路径

购买路径就是用户从看到产品到完成购买的整个过程。在购买路径的每一个节点，我们都要去包装这个产品。接下来以我的"个人爆发式成长的25种思维课"为例，分析我在购买路径上是怎么包装的。

1. 标题

大家之前在我的直播间点击"个人爆发式成长的25种思维课"的链接时，首先能看到标题——"'个人爆发式成长的25种思维

课'× 月 × 日 20:00，直播间发放 90 元优惠券"。这个标题就是对
这门课程的一个包装。

　　标题取得好不好，决定了能否吸引大家点击。当然，这个标题
还有优化空间。比较典型的问题是用户在直播间点击商品橱窗，弹
出来的是所有产品的列表，这时候产品的标题是显示不全的，用户
就可能看不到"90 元优惠券"这个重要信息。所以，后来我把标题
优化成了"直播间立减 90 元！'个人爆发式成长的 25 种思维课'×
月 × 日晚上 8 点直播"，把优惠信息放到最前面，用户一眼就能看
见，从而更容易点击链接看详情页。

　　这里的核心目的就是，我们要让用户在第一眼看到标题后就想
点击链接。

　　2. 封面图

　　除了标题，用户在产品列表中还能看到一个很重要的元素就是
封面图。封面图也是一个很重要的包装，我们要用封面图去吸引用
户点击链接。

　　"个人爆发式成长的 25 种思维课"的封面图也有优化空间：现
在的封面图除了"个人爆发式成长"这几个字比较引人注目，其他
的信息都不太容易被注意到，因为字太小，用户根本看不清。那能
怎么优化呢？比如把"直播间立减 90 元"这几个字放在封面图上，
并且这几个字要足够大，大到用户一眼就能看到，这样更容易吸引
用户点击链接。

再比如，我还可以把"超过 10000 人购买"这个信息放到封面图上，把其他的小字全部去掉，留出足够大的空间来呈现这个信息，让它足够醒目。另外，对于"个人爆发式成长"这一行大字，新进直播间的用户可能不理解是什么意思，如果换成"成长思维课"，用户就能很快理解这是一门思维课。

如果封面图在产品列表中没有足够吸的引力，用户根本不会点击相应的链接。所以我们首先要想的是，怎么使封面图吸引用户，这样用户才会点击链接，后续才会有成交转化的可能。

封面图其实还有一个应用场景，即用作用户点进商品页面后在最上方看到的大图。这个大图能清楚呈现的信息更多，我会在封面图底部加一行字——"往下滑看保姆级介绍"，再加一个往下指的箭头，提醒用户往下滑。为什么要这样做呢？因为不是每个人点开链接之后都会往下滑，如果没有这句话，我们在这个节点上就会损失一部分用户。为了让更多人往下滑，我们要发出一个指令。

3. 产品详情页

用户继续往下滑，看到的就是产品详情页，产品详情页的内容一定要非常详细。我们过去很可能因为产品详情页的内容不够详细，损失了很多潜在的付费用户。直播间的很多用户没有耐心长时间听主播讲解，而是喜欢自己看产品详情页认真了解产品，然后决定要不要买。产品详情页的作用是解释和答疑。

我的音频课的产品详情页特别简单，只是告诉用户如何兑换课程，以及听课的时间、课程大纲，其他信息基本没有。这样的详情页一定会损失很多潜在的付费用户，因为用户看不到自己想了解的信息，也没有耐心咨询客服，可能刚进产品详情页看了一下就直接退出了。

在这方面，淘宝的产品详情页是很值得我们学习的。如果我们能对标好的产品详情页来设计，那么我们的转化率可能会提升很多。大家不要觉得这件事浪费时间，这几乎是一件一劳永逸的事情，当我们前期花足够多的时间，耐心地把一个产品详情页打磨得非常好，后面很长时间都不需要再调整了，同时它还能帮我们提高转化率。

换位思考一下，我们作为用户去看一个产品详情页，先看到了非常好看的宣传图片，接着看到了很详细的产品说明，还有具体的使用方法、使用场景等。只有足够了解这个产品之后，我们才会有下单的欲望。知识博主也一样，如果他的知识付费产品有内容非常详细的详情页，直播时他可能都不用讲解，用户就直接下单了。因为，对于用户想知道的每一个问题，产品详情页都解释清楚了。

所以如果大家有团队，一定要有人负责去打造产品详情页，转化率可能就会因此提高。

4. 下单页面

购买路径的第四个环节就是下单页面。

用户点击"个人爆发式成长的 25 种思维课"的链接，再点击"购买"，就会进入下单页面。在这里，用户会看到一些信息，比如是否包邮、商店优惠、备注信息等。这也是很重要的包装，是影响用户会不会完成购买的关键。

如果我们的优惠没有设置好，用户到购买这一步发现没有优惠，可能就直接退出了，我们就损失了一笔订单。就地址而言，音频课是虚拟产品，其实是不需要收货地址的，但是视频号的商店默认用户必须填写地址才能下单，所以经常有人在直播间里问关于地址的问题。对此，我们可以在产品详情页里放一张图，说明音频课为虚拟产品，地址可以随便填，这样就能解决很多用户的疑问。

除了以上内容，在平时的直播运营过程中，大家还要学会观察一切可以优化的细节，这样就可以避免浪费流量，尽量将该转化的用户都实现转化。如果我们有很多细节没有优化，用户最终可能就不会购买。

三、如何包装产品以提高转化率

（一）品牌包装

我们要通过产品详情页和直播间的讲解不停地强调我们的品牌优势，这叫品牌包装。推广产品的人一定要强调公司品牌，对于知识产品来说，一定要强调个人品牌。不管推广什么产品，都要强调品牌的优势，这样用户购买的可能性就会更大。因为品牌意味着信誉，品牌好意味着产品使用体验好。

如果推广的是知识付费产品，就要不断强调创作者的个人品牌。比方我们要在产品详情页里突出创作者的个人品牌，如"畅销书作家""全平台粉丝超过 150 万""单月直播变现 150 万元"等，这都是在强调创作者的个人品牌。

（二）背书包装

比如，我的"21 天写作训练营"的产品详情页里就有这样的背书性内容：该课程被"十点读书"创始人林少、"视觉志"创始人沙小皮、"创业邦"首席执行官南立新、"笔记侠"创始人柯洲等行业"大咖"一致推荐；我的"个人爆发式成长的 25 种思维课"还被六位"大咖"联合推荐，他们分别是"孤独大脑"的运营者老喻、润米咨询的创始人刘润、《拆掉思维里的墙》的作者古典、《好好学习》《好好思考》的作者成甲、"知识星球"的创始人吴鲁加、"生财有术"的创始人亦仁。这些都是背书包装，是提高用户对产品信任度的重要手段。

那怎么才能让"大咖"帮我们背书呢？第一，如果我们跟"大咖"的量级差不多，找他们背书，他们通常都会愿意；第二，如果我们的量级明显低于对方，那么我们需要在平时进行一些人际关系维护。比如前面这些"大咖"给我背书的时候，我还没有取得现在的成绩，但是我平时会参加一些线下大会，因此与他们产生了联系，然后我平时会进行一些人际关系维护，加上我的内容确实扎实，对方就比较愿意为我背书。

对于这些"大咖"来说，他们如果要帮助一些人，会选择帮助谁呢？他们当然会帮助跟他们有关系、曾经为他们付过费的或参加过他们社群的人。如果我们跟他们没有任何交集，突然去问能不能帮我们推荐一下产品，他们肯定不愿意。

此外，还有一点很重要，就是产品本身。我们千万不要拿着质量很差的产品去找比我们量级高的人帮我们背书，因为这会给别人带来负面影响。但我们在写出了很好的内容或者做出了很好的课程后，去找别人背书，别人往往会很乐意。

比如我写出《学会写作》《学会成长》两本书后，去找古典老师、刘润老师帮我背书，他们特别爽快地就答应了，因为他们读过我的文章，知道我的书是好书。反过来，这也相当于我在帮他们做宣传，我的书每卖出一本，就给帮我背书的人做了一次宣传。如果大家能做出好内容、好产品，我也愿意帮大家背书。将来如果大家能够出书，我觉得质量很好，就会很乐意推荐，甚至帮大家写序言也没问题。因为这样做，一方面我帮助了大家，另一方面在这本书售卖的过程中，大家其实也是在帮我做宣传。这是一件互利互惠的事情。

当然，背书不仅包括大咖背书，还包括荣誉背书、作品背书。

（三）痛点包装

我们做产品包装，永远要站在用户的立场想问题，要思考别人的痛点是什么、我们怎么能解决这个痛点。

以我的"21天写作训练营"为例，这门课程的详情页里专门有一部分内容是介绍痛点的，叫"21天，一站式解决你的写作痛点"，这个板块下面有一些头像，附带几段话，每一段都是对一个痛点的总结。比如，从业后一直没有拿得出手的代表性文章，导致一直是一个普通的新媒体编辑，没有升职加薪，想跳槽也困难。这是其中的一个痛点，针对的是新媒体编辑这个人群。又比如，想靠兼职写作赚钱，但不懂新媒体文章写作，经常是苦苦写了 3 天的稿件，自己觉得写得很好，但投稿总被拒绝。这是另一个痛点，针对的是想学写作、想通过写作投稿变现的人群。再比如，虽然不是职业写作者，但是在职场中总是需要准备会议讲话、工作汇报、工作总结、演讲等，不会结构化写作，写出来的文章缺乏逻辑。这个是针对普通人学写作的痛点。

我们把一个产品能够解决的痛点进行总结、分类，一一罗列出来，这就叫痛点包装。关于痛点包装，我很喜欢一句话："痛点即恐惧。"痛点包装其实就是在激发大家的恐惧。

（四）价值包装

价值包装的核心是展示产品功能。

我们推广一个包，要展示它的价值，比如这个包可以在什么场合背、是否防水、容量如何等，这是价值包装。假如用户平时出门会带笔记本电脑，我会告诉他这个包可以装下；假如用户平时会带很多卡，我会告诉他这个包里有专门放卡的地方；而且我还会告诉用户这个包很漂亮，外表不容易脏，就算脏了也特别容易清理，清理完跟新的一样；等等。我们要想尽办法把产品的价值、功能列出来，如果我们不去总结、展示产品的价值，用户就很难知道。

对于知识付费产品也是同样的道理，还是以"21 天写作训练营"为例。其详情页里有一个板块介绍道："学写作，为什么要加入训练营？"这里罗列了很多要点，比如"加入一个学习共同体""帮你克服自己的'懒癌'，我们让你真正动起来""听懂和做到，完全不是一回事""没人指点，你会永远陷在错误里"，这些都是价值包装。

（五）受众包装

受众包装是指我们要判断一款产品适合哪些人，然后不断地向这部分人强调他们需要这款产品。

比如在推广一门写作课时可以说："你做工作汇报的时候，是不是总是无法很好地展示自己的工作成绩，导致你工作完成得很好，但呈现出来的不如那些说得很好的同事？你演讲的时候，是不是纵使自己有一身本事，但只能输出 20%~30% 的内容？你是不是进入新媒体行业多年，到现在也没有成为知名的编辑，也没有成为副主编？"我在这里指出了这门写作课的三类受众，普通职场人、有一定影响力的人、新媒体编辑。

我们在明确了一款产品的受众后，就应该向他们强调他们需要这款产品。此时，他们可能会觉得：这说的不就是我吗？那就买来试试吧。不然我们只说一款产品好、能解决很多痛点、有很多价值、有权威背书，但是受众认为自己不需要，也不会买。所以我们不光要做好品牌包装、背书包装、痛点包装、价值包装，还要不停地告诉受众："你需要它。"

（六）案例包装

什么叫案例包装？我的"21 天视频号训练营"的详情页首先展示的就是案例包装，即往期同学运营视频号取得的成就。比如，颖儿，法律讲师，参加了这个训练营之后，自己开设了课程和训练营，变现超过 2 万元，成功跨界；林开心，母婴自媒体人，参加了这个训练营之后，开启了全职博主进阶之路，带货、广告收益超过 5 万元；冯老师，教师，刚开始是新媒体"小白"，不会剪辑，不会配音，不敢面对镜头，参加这个训练营之后，把自己的账号做得很好，接到了很多商业合作，成功变现超 1 万元。

这些都是案例包装，我们一定要学会多讲案例。有了案例，别人会觉得我们真的帮到了很多学员，这样他们才会信任我们，才会希望自己学习之后也能做出这样的成绩。所以我们要积累好案例，不管是做课程、训练营，还是提供一对一咨询，都要积累案例。

现在我有一个习惯，大家反馈给我的任何成绩我都会截图保存，这些就是非常好的案例素材。

（七）体验包装

体验包装，即将一些用户的听课体验、学习反馈整理出来放在产品详情页里。

用户体验跟成绩无关，用户即使没有做出成绩，也会有一定的体验。比如，大家说在直播间里学习比听音频课学习的体验好很多，因为有不懂的问题能直接问老师，这就是一种用户体验。我把这样的内容放到产品详情页里，如果被用户看到，而且他本来就特别想要获得这种体验，这就会增加他下单的动力。再比如，有人给我反馈："粥老师，你每次做直播还提供直播的精华文字稿，这个体验太好了。因为我有时候会来不及看直播，或者有时候会走神，漏听一些东西。你提供的精华文字稿把所有的精华内容都总结到位了，排版还做得特别好，比很多公众号文章还要好，读起来非常方便。"这个反馈我也可以截图放在产品详情页里，那些没下单的用户看到后，如果他就喜欢看精华文字稿，可能就会下单。

（八）价格包装

价格包装就是让现在的价格显得很值。

在这里，我给大家分享一个词：对比。我觉得这个词是对所有产品进行价格包装的底层逻辑。

比如，我们介绍音频课的原价是 199 元，现价是 109 元；社群的原价是 3999 元，现价是 2899 元。这就是对价格的一种包装，会显得现价格外值。这就是对比。

比较常用的价格包装策略有以下三种。

1. 别人的价格和我的价格的对比

在抖音上，别人教大家做新媒体变现，可能 10 节录播课就要卖 1999 元或者 3999 元；我的社群一年有 150 场分享会，每场分享会至少 1 小时，而且还有很多别的服务，才卖 2899 元。或者别人的写作课一共就 10 节，卖 399 元；我们的写作课有 50 节，才卖 109 元。

这是别人的价格和我的价格的对比，我们可以通过这种方式来告诉用户我们的价格很值。

2. 我的其他产品的价格和这款产品的价格的对比

参加我的线下课，可能需要 8999 元；但是参加我线上的课程，还能享受一些助教服务，只需要 899 元。只用约 1/10 的价格就可以体验到我讲的所有核心内容，还有额外服务。这就是我的其他产品的价格和我这款产品的价格对比。

3. 日常价格和促销价格的对比

比如我们的音频课，平时在直播间里卖 109 元；偶尔做一次促销活动，只卖 89 元。这是日常价格和促销价格的对比。

做社群也可以尝试类似的策略，偶尔搞一次促销活动。每一次直播快下播的时候，我会拿一分钟来做促销活动，课程价格直降 200 元，而且促销名额只有 3 个，错过了就没有了。

（九）稀缺包装

稀缺包装主要有两种：限时包装和限量包装。

1. 限时包装

比如我的"7 天写作特训营"，限时最后 3 天购买，3 天之后就没有了，每个月只开一期，用户赶不上这一期，就只能再等一个月。这是通过限时包装来制造产品的稀缺性。

再比如，我的"新媒体变现圈"一直在涨价，我每次都告诉大家，现在的优惠价到什么时候截止，过了那个时间会涨价 100 元，而且到时我真的会涨价。这也是通过限时包装来制造产品的稀缺性。

为什么这种设计思路是对的？因为能够第一时间抢到课程或领取优惠的人一定是最认可我们、最在意我们的用户，所以他们才会留意这些信息。很多人抢不到，是因为他们没有那么在意，平时不留意这些信息，所以我们要给那些更在意我们的人机会，让他们能抢到课程或领取到优惠。

2. 限量包装

除了限时包装，我们还可以通过限量包装来制造产品的稀缺性。

比如我要开私教班，提供一对一的服务，但因为精力有限，所以一年只收50个学员。

这里说的限量，就是单纯的限量，不是饥饿营销。比如我的高阶训练营，每期大概只招收100人，因为如果人数太多，我服务不过来，用户的体验肯定会变差，所以必须限量。

最后，我们使用以上技巧还需遵循一个整体原则：要在真实的前提下进行。这句话的意思是，你怎么包装都行，但前提是真实。活动确实是限量的，我们就告诉大家它是限量的；确实是限时的，我们就告诉大家它是限时的。如果活动明明不是限时和限量的，但是我们告诉大家它是限时、限量的，这就不叫包装，而是叫欺骗。或者我们确实有背书，就写上；没有，就不要编造。同理，学员案例、用户体验等也都必须是真实的。一个人弄虚做假的事情做得足够多，早晚有一天会倒台。所以，对于所有的技巧，我们都要在真实的前提下使用。

第五节

场：直播带货中场的运营——如何运营直播间

为什么直播带货中，用户的信任很重要？因为没有信任的话，用户根本不会下单。所以大家在直播带货的过程中，一定要注意场的运营，通过场的运营来增强用户的信任感。

我们之前说过，直播带货中有三个元素最重要——人、货、场。人就是主播，或者再加一个助播。货就是我们要卖的产品。那什么是场呢？场就是场景、场所，在直播带货中，场就是直播间。在什么环境中直播、直播间是怎么搭建的、在直播间这个场景下都呈现出了什么，这些共同构成了一个场。

场主要有五个部分：物理场、内容场、销售场、互动场、产品场。运营直播带货中的场，可以就从这五个角度来梳理。

一、物理场

提到直播带货中的"场"，大家比较容易想到的就是物理场。物理场的核心是直播场景、现场的灯光和镜头、主播的个人形象、直播用到的宣传工具等。

（一）直播场景

不同品类的产品在不同的场景下销售，效果的差别可能会非常大。

比如同样是销售海鲜，有人在超市直播，有人在海鲜市场直播，还有人在码头直播。场景不同，给用户带来的的冲击感会有非常大的差别。直接在码头直播销售现场打捞上来的海鲜肯定比在超市直播销售海鲜要好很多，因为大家会觉得现场打捞上来的海鲜更新鲜。所以，大家要销售鸡蛋就应该在自己养鸡的山上直播，要销售苹果、橙子应该在自己的果园里直播。在最接近货源的地方直播，效果往往更好。

再比如，我之前看到过一个直播，主播在直播间销售做饸饹面的秘方，别人买了这个秘方，学会了之后就可以去开一家卖饸饹面的面馆。那他在什么场景下直播效果是最好的？他肯定不能坐在办公室里直播，因为在办公室里没法证明饸饹面的味道很好、很受欢迎。所以，对于他来说，有两个直播场景是比较好的：一个是后厨，展示厨师把面一碗一碗做好，并且面陆续被端走的场景，这可以营造出他有秘方、面卖得很好的感觉；另一个是大厅里，这样用户能看见店里生意非常火爆，每天都有很多人来吃饸饹面。

所以我们首先要知道，销售不同的产品，在什么样的物理场下直播的效果最好。

销售有形产品，大家就要思考在哪里直播更容易取得用户的信任，然后把这样的场景作为自己的直播场景。这一点特别重要，因为在销售有形产品的直播中，人们更相信自己的眼睛看到的东西，而不是主播说的话。

当然，知识博主虽然销售的是无形产品，但物理场同样很重要，在一个合适的场景中直播同样能加强大家对产品的信任感。如果你是读书博主，要销售读书社群，那就要在有很多图书的场景中直播，这样的场景会营造出一种人人都需要书、读书很重要的感觉。

对知识博主来说，搭建直播场景时要考虑推广的产品是什么。比如我主要讲个人成长知识，我的直播场景中基本上有一个白板就够了。如果是健身博主，那直播场景应该充满健身元素，比如在健身房里，或者有一些健身设备的家里。这样用户一进入直播间就能知道他是健身博主，看到健身设备也会更相信他的专业性。如果是美妆博主，那么直播场景应该是背后有一个放满了各种化妆品的柜子。

这是物理场的第一点，也是最重要的一点。

（二）现场的灯光和镜头

我平时直播没有用专门的灯光设备，因为我家的灯光效果本身就比较好，但是大家通常需要专门去买一些灯光设备来补光。如果大家在一个灯光效果不好的地方直播，给用户的观感就会很差，所以大家一定要处理好灯光问题。

除了灯光，镜头也很重要。很多人直播时的画质实在是惨不忍睹，直播时保证画质清晰是最基本的要求，因此大家一定要选择能拍出清晰画质的镜头。

此外，镜头跟主播之间的距离、镜头的高度也很重要。但这些问题解决起来很简单，多调整几次，找到一个合适的位置就可以了。

（三）主播的个人形象

主播的个人形象有三点需注意：首先，主播要干净、整洁、有精神；其次，主播的个人形象要与人设相符；最后，主播要通过个人形象展示出认真的态度。

比如，美妆博主首先要给用户营造出一种很干净的感觉，其次还要呈现出时尚、精致的感觉。如果不把脸、穿着、发型整理好，让自己看起来很干净，那就跟美妆博主的人设不相符。一个邋里邋遢的人推广美妆产品根本没有说服力，毕竟大家买美妆产品是为了让自己更好看、更精致。

再比如，很多人都看过朱成英的直播，她的人设是一个非常孝顺、朴实的农家妇女。她的直播做得那么好，直播间的销量非常高，那她为什么不改变一下自己的穿着、发型呢？因为她一旦改变了，她的形象就跟她的人设不符了。一个穿着很时尚、发型很精致的人看上去就不符合朴实的农家妇女的人设。

所以主播的个人形象要跟人设相符。

（四）直播用到的宣传工具

宣传工具的主要价值是帮我们留住用户，我们只有先留住用户，才有机会获取用户的信任。

我平时的主要宣传工具就是一块白板，以及白板上面贴的一些物料，用于展示直播时间、直播主题等信息。如果大家没有宣传工具，用户进入直播间之后会产生疑问：镜头里这个人是谁？他在讲什么？他在推广什么？所以，如果大家将来要做销售知识付费产品的主播，直播间的标配就是一个白板或电子屏幕之类的宣传工具。每次直播时，大家应该把最重要的信息，比如主题、优惠信息等展示在上面，让新用户进来后能快速了解直播间的情况。

我在直播间的白板上除了展示直播时间、直播主题等信息外，还写了一句话："听 5 分钟，一定会有收获！"我为什么要写这句话？因为大部分直播的人均停留时长很短，基本上有 5~10 分钟就非常不错了。在这种情况下，我们要想办法通过宣传工具留住用户。

我写上这样一句话，新用户进入直播间之后就更有可能留下来听我多讲几分钟。只有先把用户留下来，我们才能有机会实现转化。

二、内容场

在直播间的运营中，内容场也很重要。内容场其实就是拍整个直播在讲什么。

那内容场怎么运营？主要有两点：专业地讲解产品和真诚地回

答问题。

（一）专业地讲解产品

我们无论推广什么产品，都必须非常专业。因为只有足够专业，我们才能赢得用户的信任。

比如推广写作课时，我在直播间里要怎么靠专业性来获取用户的信任呢？我必须熟悉这门课程里的每一部分内容，能够针对不同的用户做不同的讲解。比如遇到新媒体编辑怎么讲，遇到普通职场人士怎么讲，遇到想打造个人 IP 的用户怎么讲，他们各自的痛点是什么，课程中的哪些内容能够解决这些痛点，等等，我都要非常熟悉。

如果我们讲解不专业，那用户绝对不会下单。比如我们推广一款电饭煲，如果自己都没有用过，用户提出的各种关于电饭煲的问题我们都回答不上来，那么用户为什么要买我们的东西？

推广一个产品，本质上都是给别人提供一个解决方案。用户买一个电饭煲得到蒸米饭的解决方案；买写作课得到提高写作能力的解决方案。如果主播的讲解不专业，那他提供的解决方案的专业性便值得怀疑。

所以讲解产品的时候一定要专业，只有专业才能获得用户的信任。

（二）真诚地回答问题

除了专业地讲解产品，大家还一定要真诚地回答用户在直播间里问的问题。因为直播间里的其他用户会围观一个用户对主播提问以及主播回答的过程。比如冬天到了，大家去一个直播间买羽绒服，正好主播在给另外一个用户介绍一件羽绒服，这个用户会问主播一些问题，比如是否可以水洗、保暖性怎么样等。这时你大概率会看一会儿，在看的过程中去判断自己需不需要这件羽绒服，以及它适不适合自己。如果在这个过程中，你觉得主播在胡诌，那大概率不会买这件羽绒服。

所以我们一定要知道，直播间里有人提问时，背后可能有几十或几百人在默默看着。表面上我们在针对某一个用户回答，其实我们是在解答更多用户的问题。

如果我在直播间里推广我的写作课，有人提问："我想学公文写作，买这个课合适吗？"我说："当然没问题，公文写作跟新媒体写作没什么区别，上完写作课，再写公文就会很简单。"过了一会儿又有人来问："粥老师，我想写小说，能买这个课吗？"我如果说："那肯定没问题，这个课是专门针对想写小说的人的，里面有很多内容都是教你怎么写小说的。"那我就是在瞎说，其他用户听见我的回答就会觉得我不真诚，可能本来想买的，看我这么不靠谱，就不买了。

什么叫真诚？比如有人问，他想学论文写作，问我能买我的写作课吗？我会说这门课程是教大家写新媒体文章的，对想学论文写作的人来说不太合适。这就是真诚的回答。我们只有真诚地回答用户的问题，才能得到用户的信任。真诚地回答用户的问题之后，我们可能会损失少量用户，但是有更多用户会信任我们。

　　每一场直播中都有大量的用户在暗中观察，他们观察了两天，觉得这个主播很靠谱、讲的内容很专业、回答问题也很真诚，可能就下单了。

三、销售场

　　什么叫销售场？就是直播间里主播所有的销售动作、销售话术。

　　我们在直播间讲完干货，就要进入销售环节，开始促进大家下单。在这个过程中，销售话术就很重要。推广的最高境界不是主播特别努力地向用户推荐产品，而是用户自己觉得特别需要、特别想买。

　　我在很多人的直播间里看到了一种现象：主播一直给人一种太想让大家买东西的感觉，很是着急，总是催着人家下单，不停地问人家下单了没有，并表示不下单会怎样、下单了之后会怎样。其实，他越是这样，可能越是没有人想买他的产品。

　　此外，我们在推广产品的时候一定要真实。

　　在这一点上，有一些反面案例。比如很多人明明特别想赚钱，却非要装作不在乎钱。还有一个不好的现象是，有些人在推广产品的时候喜欢夸大事实。比如我说大家买了我的"新媒体变现圈"，一个月就能变现多少；听了我的写作课，很快就能写出阅读量超过10万的文章；等等。用户都很聪明，我们夸大事实的时候，用户都能看得出来，所以不要这样做。

推广产品一定要呈现真实的东西。我们要保证销量是真实的、承诺的服务也是真实的。

四、互动场

什么是互动场？就是有多少人在围观、点赞、评论，甚至包括评论的内容。

评论区特别重要，直播间的评论区一定要形成一种热销氛围，即一种大家很喜欢、很需要这款产品的氛围。比如我有时候会说"已经购买了社群的人评论'1'"，其实就是为了在评论区营造热销氛围，这跟线下门店排队制造的热销氛围是一样的。我偶尔也会说"今天看了'新媒体变现圈'早报的人评论'666'"。我估计很多人不知道我在说什么，因为很多用户并没有真正看过我直播，这时我就要使用这一圈层的话语体系让对方听不懂，圈层之外的人就会产生好奇乃至某种程度的嫉妒心理，从而想要进一步了解。

所以大家一定要知道在互动场里如何跟用户互动，包括跟新用户怎么互动、跟老用户怎么互动、跟已经购买的用户怎么互动、跟没有购买的用户怎么互动。

比如在带货直播间，我们经常会看到下面这种场景。主播说："马上开始抢购，上架 50 个，三、二、一，开抢！好，没了，开始讲下一个产品。"这时候旁边的一位助理上前说："很多人没有买到，要不给大家再上一点。"主播就问："还有人要买吗？想买的人在评论区评论'1'。如果人不多，我就不上了，直接讲下一款产品。"主播还会说："想买的人一定要评论'1'，因为评论区有多少人评论'1'我就会再上架多少单。"接着大家开始在评论区评论"1"，主播数了一下，一共有8个人，然后跟助理说再给大家上8单。这也是互动场，在带货主播那里经常见到。

直播间里还有很多互动"套路"，但我觉得互动场中最重要的不是推广产品的"套路"，而是在整个直播过程中的互动。在整个直播过程中，我们要跟大家一直互动，新进来的用户看到直播间里的互动氛围特别好的话，会更容易信任这个直播间。

这里要注意的是，我们平时要有意识地引导互动，比如多问问已经购买的用户的使用体验，多问问没有购买的用户的疑问和需求是什么，等等。

引导互动除了可以在直播间中营造氛围，有时候也能起到对用户下指令的作用。比如我想推广"成为时间管理高手"这门课程，于是在直播间说："有拖延症的人评论'1'；觉得每天做事效率特别低的人评论'2'；每年年初给自己定了很多目标，最后一年过去了什么也没完成的人评论'3'。"我说这些话，一方面是为了对用户需求进行确认——用户评论的每个数字背后都是一个痛点；另一方面是为了对用户下指令，因为用户在回应我的时候，不自觉地会想：既然我有这样的问题，那我应该买这门课听听。

除了跟新用户确认需求，我们还要跟老用户多交流使用体验。比如，"上次听了我讲的关于文章选题的同学，你们现在找选题是不是容易一些了？学会了通过竞品找选题的人评论'1'，学会了通过热搜找选题的人评论'2'。"我这样一说，可能有人评论"1"，有人评论"2"。这时候，那些还没有购买课程的用户看到评论区有这么多回答，也会想购买课程，学习相应的技能。

五、产品场

产品场就是怎么给大家展示我们的产品。

对于无形产品而言，最重要的就是产品详情页。

为什么产品详情页很重要？因为用户对一个产品了解得越详细、越深入、越全面，就越可能购买产品。如果用户点进我们的产品详情页，发现什么介绍也没有，那几乎不可能下单。

很多人把产品详情页做得无比简单，就放一张海报，上面写着价格及简单的说明。看到这种产品详情页，如果是高客单价的产品，用户是不敢买的，因为用户通常不愿意花高价买一个自己完全不了解的产品，所以一定要有非常详细的产品详情页。

如果我们推广的是有形产品，那除了产品详情页，实物展示也很重要。我们要非常全面地把产品展示给大家看。比如推广苹果，有的主播会在直播时靠近话筒吃苹果，屏幕前的用户就能听到咬苹果时的清脆声音，这说明苹果水分很多。再比如，推广衣服就要穿上衣服给大家展示，可以转两三圈，把衣服的正面、侧面、背面都给大家看看；对于有的衣服，还要分别找胖一点和瘦一点的主播穿给大家看，或者找高一点和矮一点的主播分别穿给大家看。

　　这就是全方位地展示产品。我们展示得越全面，用户了解得越多，对产品的信任感就会越强。

第四章

如何打造百万级知识付费产品

第一节

课程：个人 IP 变现，为什么我们一定要做线上课

正式进入本节主题之前，我们需要先简单了解线上课这个产品的特点。

线上课是知识付费常见的产品中一种产品，往往针对某个主题，比如写作、沟通、品牌、运营等，输出一套成体系的认知方法，以帮助用户更快掌握一项技能。

目前市面上的线上课通常每门有 20 ～ 30 节，每一节的时长为 10 ～ 20 分钟，每节课既有音频又有文字稿，大部分没有后续服务，用户购买之后需要自行学习。

为什么一门课程有 20 ～ 30 节呢？如果一门课程一共就 5 ～ 8 节，对应的课程大纲会使课程价值显得不够高，用户会觉得课程的性价比比较低，从而缺少购买欲望。所以，内容太少了不好。同样，内容太多了也不太好。比如我过去的"实战写作课"就有 50 节课，用户有时会产生畏难情绪而不愿购买，或者买了也无法坚持学习完。

　　另外，有很多人问一节课多长时间比较合理，我的看法是一节课十几分钟比较合适。有的课程一节只有五六分钟，这有些太短了，用户可能刚进入学习状态，还没听到太多知识或者方法，一节课就结束了。也有的课程长达半小时，这种课程用户听起来就会非常累，单节课内容的信息量太大。比较合适的时长是 10 ～ 15 分钟，最多不要超过 20 分钟，相应的文字稿的字数为 3000 ～ 5000 字。

　　这些是线上课的基本特点。在了解这些之后，我们再一起来了解一下线上课的优势。

一、运营收益角度：线上课的五个优势

　　线上课的第一大优势体现在运营收益上，这也是它最大的优势。本部分我将从五个方面展开说说。

（一）低成本优势

　　在所有的商业经营中，低成本永远是一种巨大的优势，这是我从摆地摊开始就认识到的一个商业基本规则。

　　过去摆地摊的经历使我形成了一定的商业认知。那时候，很多人还不太习惯网购，即使是在 2013 年，仍然有很多人不习惯通过搜索去了解什么样的产品价格更低。当时我就发现，我们学校超市的陶瓷杯子，售价在 25 ～ 30 元，但是从阿里巴巴的批发网站上批发，同样的杯子只需要 3 ～ 5 元，而且不需要我们一次性进很多的货。所以，如果我以 3 元的价格买一个杯子，在学校的食堂门口卖 10 元，

那么就会有很多人买，因为学校超市里同样的杯子卖 25～30 元。这就是低成本优势。当年我在南锣鼓巷摆地摊卖明信片也是一样的道理，南锣鼓巷的明信片通常是按张卖，一张 2 元，而我从阿里巴巴上进货，按盒卖，一盒有二三十张，只要 15～20 元，那我肯定会卖得更好。这也是低成本优势。

我们打造个人 IP，本质上也属于一种商业经营活动，所以我们得有最基本的商业认知，那就是控制成本，尤其是超级个体创业或者做副业，不能投入过高的成本。在这一点上，线上课有巨大的优势，因为线上课的资金成本是可以为零的。

首先，创作课程内容不需要资金成本，我们只要把文字稿在电脑上打出来就可以了，我们投入的是时间、精力和智力。其次，录制课程也不需要资金成本，很多人问我用什么设备录课，我目前上架的所有课程全都是用手机自带的录音软件录的。录制课程时，我们只要多熟悉几遍课程内容，把文字稿清晰、洪亮、准确、有节奏地读好就可以了。最后，上架课程也不需要资金成本，如果想要更好的工具，也可以用付费版的"小鹅通"，但是刚开始用"荔枝微课"或者免费版的"千聊"就可以。所以，上架课程也是可以做到零资金成本的。甚至做课程的宣传物料，也不需要资金成本。现在网上有很多教我们如何快速搞定一张海报或者产品详情页的教程，我们不需要专门安排一个全职或兼职做设计的同事。

若能做到零资金成本，我们的销售额就相当于利润，这样的情况在别的行业里几乎不可能存在。比如在线下开店，我们经常会看到有的店平时看着生意挺好，最终还是倒闭了，就是因为它们有很多成本，包括房租成本、设备成本等，所以虽然看上去生意很好，但不一定有利润。但是线上课真的可以做到零资金成本，而只需要我们付出相应的时间、精力和智力。

（二）轻运营优势

轻运营优势也特别重要，对于不同模式的知识付费产品，大家要记住下面几句话。

第一，做线上课是用户和课程打交道，用户不需要跟我们打交道。我们做了一门课程，把它放到平台上，用户去购买。用户付费下单之后就可以自主获取课程。

第二，做个人咨询是用户和我们打交道。我们如果做个人咨询业务，则需要不断地打电话服务用户，每一通电话可能要打半小时、一小时甚至两小时，以帮助用户解决问题。

第三，做训练营和社群是用户和我们及其他用户打交道。训练营和社群跟线上课有很大的不同。对于线上课来说，用户付完款之后运营就结束了，但是对于训练营和社群来说，用户完成付费的那一刻才是运营和服务的开始。我们收了用户的钱，就得认真地为用户准备内容。

线上课虽然客单价相对不高，但用户完成付费后，我们只需给用户提供课程即可。所以线上课有非常大的轻运营优势。

（三）少人力优势

如果不想做大规模课程，一个人做线上课也完全没问题，这对于超级个体创业和个人做副业是很大的优势。

如果做训练营和社群，一个人不太可能做得起来。即使没有全职的员工，也得有多个兼职的员工。一旦需要用到更多人力，就会由此衍生很多问题，比如招聘、培训、薪资待遇等。

我们做的本来也不是特别大的生意，如果为了一个月多赚点儿钱就要多做这么多事，实在太累了。当然，如果我们的目的是让自己更全面地成长，这反而是一件好事，可以让我们的综合能力快速提升。比如我在 2018 年之前只会写新媒体文章，但是现在我会招聘、面试，也会做管理。

做更多的事有好处，也有坏处，好处就是我们经历了这些事之后，会变成一个全面发展的人；但刚起步时，还是专心做好一件事比较好。

（四）高转化优势

线上课基本上是所有知识付费产品里面客单价最低的，比社群、训练营、一对一咨询都低，但它核心内容的价值一点都不比别的产品低，且有明显的成本优势、形式优势，所以它可以用更低的价格售卖。现在线上课的价格普遍在 199 元左右，低一点的价格为 99 元，高一点的价格为 299 元，更高价格的就比较少了。客单价低、内容价值高、试错成本低，因为有这几个特点，所以线上课在转化方面有非常大的优势。

我的"成为时间管理高手"是 2021 年 3 月上架的，到 2021 年底有 1.1 万人付费学习。如果我推出的是线下课或者训练营，可能到现在能服务 2000 人就不错了。但因为我做的是客单价 100 多元的线上课，所以转化率比较高，不到一年就有 1.1 万人购买，这就是线上课的高转化优势。

高转化优势背后还暗藏着另外一个优势：用户积累优势。因为购买成本低，所以有更多人购买，每一个购买的人都是我们积累下的付费用户。我们要知道，积累用户是一回事，积累付费用户又是另外一回事。我们积累 10 万个用户，其中能有多少付费用户呢？如果我们做社群或者训练营，可能会积累 2000 个付费用户，但是做线上课，转化率要高很多，我们可能会积累 1 万多个付费用户。积累了付费用户后，我们还可以向这些用户推广其他产品。换句话说，我们可以让线上课的付费用户成为其他产品的流量池。比如我的"成为时间管理高手"积累的 1.1 万人可以是"个人爆发式成长的 25 种思维课"的流量池，也可以是训练营的流量池，还可以是社群的流量池。

所以线上课的高转化优势还会带来用户积累，为其他产品提供流量池。

（五）可拓展优势

做线上课还有一个非常大的优势，就是我们能基于一门线上课拓展出各种其他形式的产品，因为做线上课的本质就是打造一套核心内容。这套核心内容打造出来之后，我们可以加上其他服务进而拓展出训练营，可以出版成书，可以做成社群，也可以用于一对一咨询，不需要每出一个产品都完全重新打磨一次内容。但如果先做的是社群或者一对一咨询，就没有这样的内容体系做支撑，从而比较难拓展出其他形式的产品，所以先做线上课是特别好的一种选择。

比如，我在 2018 年 3 月开始创业，做的第一个付费产品是知识星球。这个产品最后没有成功，因为它的定位不清晰、不合理。我做的第二个付费产品是写作课的线上课，这产品成功之后，我把它拓展成了训练营，就一直做到今天，已经做了 30 多期。在 2019 年，我又把这门写作课拓展成了《学会写作》这本书。

二、用户体验角度：线上课的六个优势

从用户体验的角度看线上课的优势，主要有六点。

（一）价格低

从用户体验的角度来说，线上课的第一个优势是价格低。

如果我们推出高客单价的产品，可能有很多人想买，但没有钱，这就相当于他想成为我们的铁杆用户，但我们没有给对方机会。比如我的"新媒体变现圈"现在的价格是 2899 元，我之前积累了那么多用户，但这个社群只有 1000 多人加入，因为很多人的月收入只有5000 ~ 8000 元，他们可能想加入社群与其他成员一起学习，但接

近 3000 元的价格对他们来说确实比较高。所以，对于用户来说，线上课其实是一个福利，因为他们可以用更低的成本学到更多更好的方法、经验，比如 1000 元可以买 5 门甚至 8 门线上课。我们给用户好处就是给自己好处，用户得到的越多，我们得到的也越多。

（二）体系完整

从用户体验的角度讲，线上课的第二个优势是体系完整。

一对一咨询时，用户得到的是针对某个特定问题的答案或者方法、建议，不是完整的体系；在社群里，用户得到的是关于一个个主题的独立分享，不是完整的体系；在训练营里，用户得到的也不是一个完整的体系，因为在训练营中我们需要带着用户训练，而且周期比较短，没办法把一个完整的体系全部呈现给用户。

对比各种知识付费产品，我觉得知识交付最完整的形式是直接给用户一套体系化的课程，线上课做到了。

（三）听课方便

从用户体验的角度讲，线上课的第三个优势是听课方便。这主要体现在以下两个方面。

第一个方面是，线上课的形式是音频或视频，用户在通勤路上可以听，晚上睡觉前可以听，吃饭时也可以听；可以随时暂停，还可以循环听。

第二个方面是，用户可以自己把握学习节奏，一般一门课程在上架时会一次性更新完，用户可以快速地把所有内容学习一遍，也可以根据自己的时间灵活调整学习节奏。但是训练营不是这样的，用户参加训练营后必须一天一天地跟着做，大多 21 天或 30 天就结束了。

（四）有逐字稿

从用户体验的角度来说，线上课的第四个优势是有逐字稿。我认为所有好的东西都应该逐字逐句地学习。但是像社群或者一对一咨询这样的产品，大都做不到提供逐字稿给大家学习。

（五）反复学习

从用户体验的角度来说，线上课的第五个优势是可以反复学习。

任何具有方法论的、高认知的、思考性的东西，我认为都不应该只学一遍。在所有重要的内容面前，"重复"可以说是最重要的学习方法之一。如果用户买了一个知识付费产品，不反复学习绝对是极大的浪费，所有重要内容都应该被反复学习，在这一点上，线上课有明显优势。

（六）工具性强

从用户体验的角度来说，线上课的第六个优势是工具性强。

用户在实践过程中如果有哪个地方不懂，可以快速定位到某节课，专门看那节的内容。比如用户想训练拟标题的技巧，就可以找到对应的那节课进行学习，这就是线上课的工具性。

这里需要强调一下，大家千万不要觉得买了一门课，听完就结束了。它是我们的工具，我们要学会反复使用。比如我们买了一把菜刀，每次切菜都要用；那我们买了一门课，也要经常使用它。

三、创作者角度：线上课的三个优势

（一）一次成体系的输出等于一次爆发式的成长

很多人会觉得自己好像对多个领域的知识都懂一点，但又都不是特别擅长和熟练。那么本部分分享一个颠覆大家认知的做法。

很多人的观点是，自己对某一领域的知识非常熟悉后才能做课程。我的想法可能正好相反，正是因为我们对这一领域还不够熟悉，才更应该去做课程。通过做课程，我们可以让自己对这一领域的知识更加熟悉。

因为我们要做课程，要做一次成体系的输出，就得逼着自己把这个体系中所有的知识点和方法论深度思考一遍、准确定义一遍、全面总结一遍。做课程时我们会研究大量案例，把学到的理论在这些案例上应用一遍，然后根据应用结果完善我们的理论。当我们完成了这个过程，我们在这个领域里一定是更擅长、更熟练的。所以，我们可以反过来思考，越觉得自己不会写作，就越应该去写，这会有效提高我们的写作水平。

这是一个互相加持的过程。以我为例，我做的第一门课程是关于公众号运营的，很多人觉得我是运营公众号的专家，所以才做了这样一门课程。其实不是，我是从非专家的时候开始做课程的，做了 180 天才成了专家。因为我要介绍怎么设置公众号菜单栏，所以会研究很多个公众号的菜单栏，最终这个知识点我就熟练掌握了。或者我不太懂怎么设置公众号的自动回复，为了给大家介绍清楚这一点，我会去研究很多公众号的自动回复内容，研究透了，我对这个设置也变得擅长了。我把所有课程内容都打造好后，就变成一个公众号运营方面的专家了。

所以，一次成体系的输出等于一次爆发式的成长。为什么说它是线上课的优势呢？因为只要做训练营，都要先有这一体系，不然做不好；做社群、做一对一咨询也是需要先有一个非常完整的体系；而线上课就是这个体系本身。

（二）一套知识体系就是一套服务用户的基本方案

我们做了一门课程就拥有了一套知识体系，它也是服务用户的基本方案。

如果我们的目标市场是育儿市场，并有一门自己的课程，我们的用户会更信任我们，觉得我们是更称职的老师。有了一套体系之后，当我们去服务用户时，不管是针对 B 端用户还是 C 端用户，不管是针对很多用户还是一个用户，我们都有一个基本方案。服务具体用户的时候，我们都可以在这个基本方案上做有针对性的调整。

（三）一套知识体系是持续成长的基础

写完一门线上课后，我们就有一个领域的"知识树"了，后面学的这个领域的新东西都是在为这棵"知识树"添加更多的分支，这棵"知识树"就是我们持续成长的基础。

第二节

课程：如何制定课程大纲，提高市场竞争力和转化率

一、用产品思维做课程

我觉得每个人都应该掌握一个特别重要的思维，那就是产品思维。

首先，一个人就是一个产品，我们要像经营产品一样经营自己。经营产品要做市场推广、做营销、打造品牌，经营自己也要这样。其次，我们做任何事都可以用产品思维去理解。比如，写一篇文章就是用写作技能打造一个产品。因此，我们做任何事情都可以运用产品思维，以明确这件事应该怎么做。

为什么做课程要拥有产品思维？因为一门课程也是一个产品。产品最重要的是满足需求，任何一个产品都是为了满足需求而诞生的。像我有视频号课、时间管理课、成长思维课、写作课等，很多人买过其中的一门或者多门课程。用户在买这些课程的时候，肯定是想满足他们的某些需求。

比如，用户不会写作，但想学写作，那他可能会买"实战写作课"；用户不会直播，想学怎么做直播，那他可能想买一门教做直播的课；用户的时间管理混乱、时间利用效率太低、有拖延症，他想解决这些问题，就可能会买时间管理课。

当然，有的用户需求是早就存在的。比如，有些人本来就要学写作，结果遇到了我，于是买了我的写作课；有些人本来就是做新媒体的，然后遇到了我，于是买了"新媒体变现圈"。但也有些用户本来没有需求，他们的需求是在某个场合被激发出来的。比如"新媒体变现圈"的有些成员本身没有做新媒体的需求，但是有一天他们看了我的直播，我正在讲怎么做新媒体，告诉大家在这个时代做新媒体可以创造商业价值，对于普通人来说是非常好的机会。他们被我说服了，于是就有了需求，就很可能会买我的课程。

所以，做课程的核心是满足某个需求。从这一点上来说，一门课程就是一个产品，我们需要用产品思维来做课程。

二、什么是课程大纲

课程大纲是什么？其实就是解决问题的提纲，我们可以从三个层面来理解。

首先，一门课程解决一个大问题。比如写作课解决"想写但不会写"的大问题，时间管理课解决"管理好时间，改变现状，让自己的人生有更多的可能"的大问题。

其次，一门课程分为多个模块，每个模块解决一个中问题。比如我的"个人爆发式成长的 25 种思维课"分成五个模块，第一个模块是"解题之前选对题"，第二个模块是"解锁人生更优解"，第三个模块是"透过现象看本质"，第四个模块是"看见和相信共进"，第五个模块是"个人发展靠经营"。这五个模块的内容都用于解决"爆发式成长"这个大问题，每个模块针对一个中问题。再比如我的"实战写作课"有十一个模块，分别是"写作认知""用户思维""选题能力""标题能力""素材能力""结构能力""成稿能力""基本能力""传播能力""日常训练""变现能力"，它们分别针对提高写作能力过程中的十一个中问题给出对应的解决方案。

最后，每节课解决一个小问题。比如在"实战写作课"的第四个模块"标题能力"下，有"标题的核心价值是什么""取优质标题的五个核心技巧""日常取标题的五条思考路径""如何建立正确的标题价值观"这四节课，每节课只解决一个小问题。这个小问题的颗粒度最好到已经不需要再继续细分的程度。

总结一下，课程大纲本质上是一份解决问题的提纲，一门课程解决一个大问题，一个模块解决一个中问题，一节课解决一个小问题。

三、如何制定课程大纲

制定课程大纲可以分成两个步骤：拆解问题，把大问题拆分成小问题；列出问题，梳理思路，确定大纲。

（一）拆解问题，把大问题拆分成小问题

怎么把大问题拆分成小问题呢？我们可能会先做用户调研，参考和分析竞品课程。很多人做课程的第一件事就是把市场上相关的课程都找出来，分析、总结、引用别人的课程大纲。

这种做法其实不好。一是因为不同的课程有不同的侧重点，如果我们直接引用别人的课程大纲，大概率做不出好课程；二是如果我们想做一个具有差异化优势的课程，关键也不在于用户调研。

我建议大家不要轻易通过做用户调研来解决问题，因为做用户调研在某种程度上是一件非常困难的事，非常考验大家做问卷的能力。如果问卷的问题是开放式的，那么用户只能列几个重点问题，但是一门课程不能只由重点问题构成；如果问卷的问题是有选项的，那么问题和选项本身就会限定答案。问卷的问题和选项设置得好不好、样本是否足够多，都直接影响调研的最终效果。

那么如何了解用户需求呢？分享以下三个方法。

1. 通过用户的实际行动了解用户需求

我们想要了解用户需求，比问卷调研更可靠的方法是看用户的实际行动。比如"华与华"要给一家餐饮店提供咨询方案，会直接把人派到这家店里，认真地在店里观察、体验一个星期，包括早、中、晚的点餐流程，以及人多的时候和人少的时候的点餐流程。除了亲自体验，他们还会观察各种各样的用户进店后的流程，在这家

店里吃饭的时候可能会遇到的问题。比如他们发现，有人用餐后找不到餐巾纸；有人筷子掉了，服务员没有及时帮他更换；或者餐具太大，导致餐桌放不下……他们把所有观察到的、可以优化的地方都记录下来，最后再根据这些观察和体验的结果制订出一个方案。

他们为什么要这么做？因为如果他们直接问吃饭的顾客"有什么好的建议吗"，顾客很可能提不出建议来；又或者他们直接问顾客"觉得在这家店的体验怎么样"，顾客可能明明有很多觉得不舒服、不合理的地方，但因为没有总结，所以说不出来。

大多数用户都是这样的，我们给了他更好的体验，他才知道以前的体验不够好。

2. 通过解决自己的问题来解决用户的问题

我做课程的时候，列问题的核心方法论是：我一直致力于解决自己的问题，并且相信我的问题解决好了，用户的问题也就解决好了。这是一个根本的方法论，不仅是我做课程的方法论，也是我做很多事情的方法论。

我每天都想让自己做更多事情，让自己更勤奋、更自律，但我也会在某个阶段失去奋斗的动力。比如一到冬天，我的状态就比在春天、夏天时差一点，我的生活会变得不规律，我会变得不爱出门，不爱早起，开始喜欢熬夜，饮食上也不节制。再比如我在某个阶段可以成功减肥，但过一段时间可能就放弃了，这有时候是因为我没有减肥的动力，有时候是因为我会认为减肥没有意义，有时候是因为我觉得很多厉害的人也不是很瘦，那我天天逼着自己吃减肥餐、健身，搞那么累干什么，接受自己胖一点不行吗？

我觉得我的这些问题非常真实，每一个问题都在不停地折磨我，我有的问题很多人都有；我的问题那么具体，每一个都实实在在地反复出现；我的问题那么全面，该遇到的问题一个都不少。这三句话很重要，因为我做课程的方法论是解决自己的问题，而我自己的问题真实、具体又全面，所以我基于自己的问题在某个方向上做出来的课程基本上能够符合大家的需求。

每个人都觉得自己是特别的，但是其实我们很相似，所以一个人的问题可能是很多人的问题。比如大多数"北漂"的人都会遇到物价高、房租高、安全感低、没有归属感的问题；大多数人都会遇到时间管理上的客观问题，每天只有 24 小时，每个人都应该做更重要的事情，但每天都有很多不重要但又不得不做的事情；大多数人在职场上都会遇到向上沟通的问题、升职加薪的问题、跟同事相处的问题；等等。

一门课程解决一个大的现实问题，而现实问题大部分是客观问题。大家不要觉得自己的问题多么稀奇、特别，事实上大家遇到的任何一个问题，比如婚姻、育儿、时间管理、个人成长、职业发展等，别人也都会遇到。所以我们在做课程、列大纲的时候才可以遵循一种最简单的方法论：通过解决自己的问题来解决用户的问题。

3. 自己先思考、创造，再借鉴、参考他人

列课程大纲时，不要一开始就去借鉴别人的课程大纲。

当我们想表达一个观点、写一篇文章或者思考一个问题时，如果第一反应是"找一些文章参考、借鉴""找一些书参考、借鉴""找一些课程来听听"，那我们会逐步丧失自己独特的创造力和思考能力。当我们第一时间想要去借鉴、参考别人的时候，大脑就进入了一个懒惰状态，我们会想"我不用思考了""只要找到一个可以对标、借鉴的对象就好了"。

很多课程的老师会让大家积累别人的选题、文案，并放在自己的素材库里，自己做选题策划的时候将它们进行组合、重构就可以了。我不建议大家经常采用这种方式，因为这样会使大家慢慢丧失自己的创造力和思考能力。大家可以借鉴别人的内容，但是一定要先自己思考。

（二）列出问题，梳理思路

列课程大纲是最富有创造力的阶段之一，此时我们可以暂时放弃借鉴其他东西，关掉电脑和手机，关上门，在一个安静的环境中，拿出一张纸、一支笔，开始回忆往事。

为什么要回忆往事？假设要列一节写作课的大纲，我会拿出一张纸，回想自己在过去三年或五年的写作经历中遇到了哪些关于写作的问题，比如"坚持不下去，容易放弃""不会搭建文章结构""不会做'爆款'选题""写不好开头""写不出漂亮的金句""没办法写

一个很好的案例来论证观点"等。在回忆的过程中，我是充满创造力和思考力的。我通过回忆自己在写作上经历的种种，回忆自己在写作的过程中遇到的真实、具体的问题，把想到的一个个要点写下来，直到自己再也想不出新的问题。

我们列问题的时候，要遵循五个步骤：

第一步，梳理问题；

第二步，问题分类；

第三步，问题排序；

第四步，回答问题；

第五步，确定大纲。

接下来，我们详细讲一下这五个步骤。

1. 梳理问题

梳理问题包含两个小步骤：第一个步骤是我前面提到的回忆往事，列出所有想到的问题；第二个步骤是把列出来的所有问题梳理一遍。

列问题的时候，我们可以想到什么就列什么，列得差不多之后，再把这些问题梳理一下，确认哪些问题可以归为一个问题、哪些问题可以更好地表述，梳理完再把它们排列起来。刚开始列的时候可能比较乱，列完再梳理一遍就会清晰很多。

2. 问题分类

进行问题分类是为了明确这些问题中哪些属于同一类问题，总有一些问题和另外一些问题是属于同一个层次、同一个模块的。比如"怎样才算好文章""写作能力的三个核心要素是什么""为什么必须公开写作"，这些都是写作认知问题，可以把它们归为一类；再比如"总是不知道写什么该怎么办""'爆款'选题的三大底层逻辑""日常寻找选题的五条路径"，这些都是选题问题，可以把它们归为一类。

3. 问题排序

给问题分完类后，我们要对问题做好排序，明确其逻辑结构。问题排序有两方面，一是排中问题的序，二是排小问题的序。

比如对于写作课程中的问题，我会先讲写作认知问题，再讲具体问题，然后讲日常训练问题，最后讲写作变现问题。当然，我也可以先讲写作变现问题，重点是排序要有逻辑。小问题的排序也是同样的道理，比如在"素材能力"这个模块下，我先讲搜索渠道，再讲搜索技巧，最后讲积累方法，这也体现了一种逻辑。

4. 回答问题

经过前面三步，我们列出了很多问题，也把这些问题做了分类和排序，接下来需要回答问题，因为问题的答案才是课程大纲中的一个个标题。

5.确定大纲

在确定大纲的过程中，我们要反复琢磨每一句话怎么表述、具体的用词是什么，每一个标题要写三四个，最后选出一个最好的。我们不要随随便便就定下一节课的标题，因为大纲吸引人的程度取决于标题吸引人的程度。

时间管理课是目前我所有课程中最后推出的一门课程。我做这门课程的时候相对于之前更成熟，拟的每一节课的标题就更吸引人。比如"不渴望改变的人，不需要时间管理""你的未来已来，不过不是你想要的样子"等。

如果每一节课的标题都很吸引人，这门课程的大纲就一定很吸引人。用户在看一份课程大纲的时候，看的其实是每一节课的标题，以此判断我们的课程能否帮他解决问题。

四、如何让课程大纲更全面、系统

很多人在列大纲时会担心：我的课程大纲列不全怎么办？我的课程大纲列不好怎么办？

我们在思考问题时，要想让自己思考得更全面、系统，通常有四个方法。在使用这些方法时，我们不应该只用其中某一个方法，而应该把这几个方法结合着用。我们要用这四个方法检验自己列的问题是不是足够全面、系统。一门课程如果不能全面、系统地解决问题，肯定不是一门好课程。

（一）用"是什么、为什么、怎么做"来检验

用户买课程是为了解决现实问题，在解决任何现实问题的时候，我们都要讲"是什么、为什么、怎么做"。

比如在"成为时间管理高手"这门课程中，"彻底定义清楚人生四件事"这节课讲的是"是什么"，"人为什么喜欢做更紧急而非更重要之事"这节课讲的是"为什么"；比如写作课，"标题的核心价值"这节课讲的是"是什么"，"写作者和阅读者的天然矛盾"讲的也是"是什么"。也就是说，在一整套课程里，有些内容讲"是什么"，有些内容讲"为什么"，有些内容讲"怎么做"，或者课程的每一个模块里可能包含"是什么""为什么""怎么做"三方面。

另外，从整套课程上来说，我们也应该从这三方面思考。有些课程的侧重点在于"是什么"，有些课程的侧重点在于"为什么"，有些课程的侧重点在于"怎么做"。比如在认知类的课程中，更多的内容都是在回答"为什么"，那么我们就要思考：在课程的每一个模块里面多加一节"是什么"的内容会不会更好？

用"是什么、为什么、怎么做"来检验我们的大纲是否全面、系统，这是第一个方法。

（二）用拆解系统、列出要素的方式来检验

对于写作课、视频号课这类解决技术性问题的课程，我们可以多用拆解系统、列出要素的方式来判断课程大纲是不是系统、全面。任何一个东西都是一个系统，比如一篇文章就是一个系统，这个系

统包含了主题、标题、正文，正文又包含了开头、结尾、小标题、观点、案例，对系统做这样的细分就叫拆解系统。

解决一个系统问题的方式就是解决这个系统中的一个个小问题。比如针对写文章这个系统问题，我们最终要解决的是找选题、写标题、找素材、列框架等一个个小问题。

（三）用总结提炼、列出要点的方式来检验

什么是总结提炼、列出要点的方式？比如有用户想知道一个人怎样更快地成长，我完全可以出一门跟"个人爆发式成长的25种思维课"完全不重合的课程来教大家成长。因为个人成长这套系统不是一个由确定性要素构成的系统。在"个人爆发式成长的25种思维课"中，我认为筛选思维、多维思维等25个要素是最重要的，但是这25个要素组成的不是具有确定性的系统，而是我对自己在职业、家庭等各个方面的成长过程中使用的技巧和形成的认知的一种回顾。

我们在总结、提炼的过程中，每总结出一个要点，就把这个要点列出来，这就叫总结提炼、列出要点。我们会发现，做这件事情相对更难一些，因为它需要我们思考得更多。前面两个方法需要我们观察一个整体并列出它的构成要素，而这个方法是反过来的，我们需要先列出一些构成要素，再将它们组成一个整体。为一些课程制定大纲时，我们需要将多个方法结合起来使用，比如时间管理课，只用拆解系统、列出要素的方式制定大纲是不行的；只用总结提炼、列出要点的方式制定大纲，也不行。因为这门课程既有确定性要素，

也有不确定性要素。

（四）用"技术问题＋认知问题"的内容构成方式来检验

什么叫技术问题？写作课中的"策划优质选题的五个技巧""日常寻找选题的五条路径"，视频号课里"账号的设置""写具有高转化率的简介"等，都是在讲技术问题。

什么叫认知问题？写作课中的"写作到底是什么""怎么样才算好文章"等都是在讲认知问题。

任何一门好的课程，都必须由技术问题和认知问题两部分构成，一门课程如果只讲认知问题，就解决不了现实问题；如果只讲技术问题，就缺少更系统、更具有底层逻辑的内容。

最后我再补充一点，课程大纲要具备三个特质：真实、具体和全面。我们最终制定出来的课程大纲要真实、具体，全面体现整个课程的内容，课程大纲的颗粒度不要特别大。

有些人的课程累计时长很长，但课程大纲特别简单，课程大纲的颗粒度太大，这样就不够吸引人。很多人之前没有做过课程，就把制定课程大纲想得太复杂、太高深。读到这里，大家会发现制定课程大纲其实很简单。此外，大家以后买课程时也可以认真看看这门课程的大纲，用上面说到的方法检验该课程大纲好不好，从而确定这门课程是否能够解决大家的实际问题。

第三节

社群：个人 IP 变现，为什么一定要做年度付费社群

这里的"变现"主要指知识 IP 变现，"社群"主要指由一群有着共同学习目标的人构成的学习类、知识类社群。而年度付费主要包含两个词，一个是年度，一个是付费。

第一个词，年度。本部分不涉及短期的临时性活动社群。比如2022 年的 10 月 28 日，我的"新媒体变现圈"要开启第二期续费，我就可以拉一个为期一周或两周的招新群，所有想续费的用户就进入这个群里，但这是一种临时性活动社群，这种社群不在本部分的讨论范围内。

第二个词，付费。本部分不讲免费社群，也不建议大家做任何免费社群，除非是为了实现另一种产品付费，作为福利而建的免费社群。因为用户不付费，我们就缺少做好运营和服务的动力；用户不付费，就不太珍惜这个社群，不会认真参与活动。

以上是年度和付费这两个词的含义，接下来主要从三个角度讲

为什么要做年度付费社群。

一、从运营收益角度来看，年度付费社群的五大优势

（一）年度收费优势

年度收费优势指的是一次性把一年的费用全部收上来。

比如我的"新媒体变现圈"一年会给大家做 150 场分享，假设按一年 3000 元的价格计算，做一场分享大概是 20 元，如果不是按年而是按月收费，一个月差不多做 10 场，也就是 200 元，收费过程就会变得漫长。年度付费即用户一口气交了一年的钱，从运营收益角度来说这是一个很大的优势，我可以根据预收的钱来决定接下来提供哪些服务，从而可以更好地控制性价比。

比如"新媒体变现圈"，我最终在该社群提供什么样的服务，其实和我的收益有关系。我现在通过该社群获得的年收益大概为 200 万元，平均每个月不到 20 万元。那我会计算每个月的人力成本大概是多少、我的时间成本大概是多少，最终根据这些成本来决定这一年我要给大家提供什么样的服务。假设我的收益是 1000 万元，那我所提供的服务绝对和现在不一样，很多服务都会升级。所以，这是年度收费的一个优势，即我们可以根据收益来调整后续的运营。

做课程就做不到这一点。比如我花了半年到一年时间做了一门课，这门课的收益也许有 10 万元，也许有 100 万元，最终的结果可能有 10 倍的差距。但是我的付出已经确定了，我无法根据最终的收

益去改变它。所以课程和年度付费社群的一个很重要的差别是做课程，我们的付出固定，但是收益具有弹性；做社群，收益固定，付出具有弹性。二者是完全相反的。

假设我的收益为 200 万元，那我既可以用 100 万元提供服务，也可以用 20 万元提供服务。当然，我不是鼓励大家少付出，只是从生意的角度来说，做年度付费社群更容易控制性价比。

比如我们本来信心满满地准备做一个社群，做了很多规划，预期的收益为 100 万元，结果我们招募了一个月，实际收益只有 10 万元，那也没关系，后面我们就可以按照 10 万元的收益去调整投入即可。

（二）持续续费优势

持续续费优势主要体现在以下两方面。

首先，从流量的角度来说，不需要额外推广拉新。

商业世界里有一个说法：争取一个新用户的成本是留住一个老用户的成本的 5 倍，而一个老用户贡献的利润是新用户贡献的利润的 16 倍。拉一个新用户付出的成本可能很高，但如果有老用户，这一成本就会非常低。所以，在获客拉新越来越难时，如果我们能维护一群人持续每年续费，那我们的流量压力就会减轻非常多。

假设当年我的"新媒体变现圈"有 1300 多人，续费率是 50%，明年就有大概 650 人续费。从某种意义上来说，这相当于我们没有花一分钱的营销费用就得到了 650 个用户。有人可能会说这不是零成本，因为我在之前需要很努力地服务用户。但从本质上来说，这些只能算作当年的成本，不应划分为明年的转化成本。

其次，从产品角度来说，不需要开发新产品。

我们可以拿一个社群产品来反复销售，持续获利，音频课就没有这个优势。比如大家买了我今年出的四个音频课，如果我明年没有出新的音频课，那大家在音频课上就没办法继续为我付费。我想持续获利，就得推出新的音频课。但社群不一样，我们做好一个社群，后续就可以通过微调具体服务将它持续做下去。

这一点很重要，因为开发新品不能保证成功率，我们重新做一门新课、重新开发一个新项目都不一定能成功。从这一点来说，做年度付费社群能让我们一定程度上减轻新品开发的压力，持续获利。

（三）服务效率优势

如果我们做一对一咨询，肯定比做社群更辛苦。我在周五、周六、周日要做三场分享，每场分享要持续两三个小时。但做一对一咨询可能需要我在某一段时间里一天到晚地打电话沟通、解决问题，这样我在一个时间段内只能为一个人提供服务。

再比如训练营，一旦人多，学习效果就会变差。我的写作训练营的相关数据显示，少于100人的训练营可能不活跃，多于300人的训练营会经常让人感到信息失控，训练营成员数量维持在200 ~ 300人是比较好的。但是这样的话，我们的服务效率就比较低，一期训练营服务200 ~ 300人，得十几期才能服务3000人。如果我们把社群做好，一期就有机会服务 3000 人，所以做年度付费社群在服务效率上有比较大的优势。而且社群的服务弹性特别大，比如 5 个人的团队可以服务 1000 人的社群，也可以服务 1 万人的社群。

（四）用户运营优势

这里的用户运营优势是指通过运营把用户变成资源，发挥出用户的更多优势。

比如做音频课，我们把课程上架后，用户只需要和课程打交道，与我们只有一个非常浅层的连接，我们无法把付费用户变成自己的资源。但社群是用户和我们及其他用户打交道的渠道。在这种情况下，用户就可以变成我们的资源，我们可以通过运营深度连接用户，发挥出更大的优势。如果我明年要新出一门高效阅读课，就可以发动社群成员来帮我推广课程，也可以组织社群成员体验该课程并提出建议，从而优化课程。

用户运营的优势还体现在我们可以从用户中找出很多线上运营志愿者。

比如我想做一些分享活动，需要整理分享内容，就可以请用户帮忙把嘉宾、优秀学员和我的分享内容整理好；我若需要设计一些海报、准备一些物料等，也可以在社群内找到很多志愿者来帮忙。找志愿者可以实现零成本，很多用户也愿意成为志愿者，因为这可以学到更多东西，锻炼自己在编辑、运营、社交、沟通等各方面的能力，还可以有机会深度连接更多同学、老师、助教。因此，这对我来说降低了运营成本，对用户来说获得了学习机会、实操练习资源，双方互利共赢，何乐而不为呢？

而且人和人的熟悉本身也需要较长时间，训练营一般只有21天，可能有些人刚开始熟络起来训练营就结束了，但年度付费社群会持续存在一年的时间，从这一点来说，有更长时间运营也是社群的一种优势。

（五）口碑增长优势

口碑增长优势表现在用户的评价和口碑可以直接影响乃至形成一个市场。

假设我的社群里的1300人都买了我的一门音频课，但大家互相不认识，任何一个人在朋友圈发表的对课程的评价，其他人都看不见，这就无法形成一个决策互相影响的市场。社群把大家聚集在一起，首先就形成了一个市场，大家每天在同一个圈子里学习、交流，很多人会互相加好友，在生活中产生交集。

假设我们加了100个人为好友，其中有20～30个人每天会发两条宣传社群的朋友圈，我们每天就有机会刷到40～60条相关的朋友圈，这会形成一种市场，给社群带来良好的口碑。社群运营得好就会达到一种效果：有些人从来没有听说过某个社群，但在那几天就会疑惑"怎么好多朋友都在发这个社群"，然后他们开始了解这个社群，了解以后他们又开始想：这个社群是不是特别好？如果不好，为什么朋友们都在发？这时候他们下单的概率就会提高。所以，口碑会形成一个市场，进而影响很多人的决策。

甚至用户之间也会互相影响。比如我做了一场直播活动，有的用户觉得我讲得特别差，但评论区里都说我讲得好，他可能就会通过大家的口碑评价来纠正自己的感受。同样的道理，用户在考虑要不要续费的时候，肯定也会受到他人的影响，也许他本来不是特别想续费，但看到大家都在续费，便也续费了。

二、从用户体验角度来看，年度付费社群的五大优势

（一）环境氛围优势

观念和认知的不同，是人和人产生差异的关键。那么一个人的观念、认知是如何形成的呢？

这要看我们生活在什么样的环境当中。比如，待在积极向上、三观比较正的公司里和待在具有负能量、三观不正的公司里的人，其差别通常会特别大。人无时无刻不在被环境影响。

氛围指的是什么？我这几天跟同事做一对一谈话，内容副主编问了我一个问题：她特别希望能够督促内容组的小团队更多地学习，应该怎么办？

我说："你是出于好心，但最好不要过度干预，你不能强制要求大家每天必须学习，但你可以营造一种学习氛围。比如你可以拉一个学习交流群，取一个积极向上的名字，制订一些玩法，如每人不定期分享一篇当天读过的好文章或者好的课程和书等。"这样，群里

的成员看到别人每天都在学习，自己不知不觉就会被影响。

社群也是如此，一个优质的社群会为大家营造一种非常积极向上的氛围。比如我是社群里的一个成员，本来晚上回到家想玩会儿手机放松下，但是我看到别人在学习，还写了心得发到群里，我可能就会被这种氛围所带动，从而把时间花在学习上。

（二）榜样学习优势

社群里会有很多榜样，社群成员每天都会被榜样激励。

假如我是一个榜样，每天都输出我的学习成果，大家会觉得我这么厉害每天还在学习，自己就更应该努力。社群里的优秀成员、嘉宾，比如在我的社群做过分享的一本黑老师、卢战卡老师、林小白老师等，都是我们的榜样。

我们直接听课，更多的是学习课程本身，但在社群里，我们很多时候是在向别人学习。比如大家看到卢战卡老师在直播间的状态，就会想这个老师怎么能这么有激情，白天在线下课要讲一天，晚上又来社群讲一个半小时，之后还要去见企业家客户。当看到这样的精神面貌、做事方式时，大家会受到震撼，从而驱使自己做出改变。通过听课和看书我们也能感受到这样的震撼，但是绝对不会像在社群里感受到的这样强烈。

这一点我在和同事做一对一谈话时也感受到了。我的妻子怀孕后，因为我要多照顾、陪伴她，所以我基本只在每周一去公司开会，其他时间很少去公司。内容副主编便问我："粥老师，你以后到公司的频率还是跟 2021 年一样吗？"我说："看情况，你为什么问这个？"她说："因为你在公司，大家就感觉有一个精神支柱在这里，你不在的话，有时候大家可能就懒散一些。"其实我在不在公司对大家的工作影响不大，但我如果经常去公司，大家会觉得有一个榜样在，就会更容易积极工作。

（三）人际关系优势

这里分享一个词：优秀好友密度。我们要想办法不断提高自己的优秀好友密度。比如我们有成百上千个微信好友，但优秀好友的人数不同，会让我们每天接收到的信息、认知或者看见的世界也不同。

所以，我们加了什么样的微信群、加了哪些微信好友特别重要。如果我们加了很多刷屏发广告的人，那每天打开朋友圈看到的就是广告；但如果加了很多优秀的人，那在朋友圈看到的就是比较有营养的内容，接触的信息就是完全不一样的。不同的好友展现出来的做人、做事的态度和方法也会对我们产生不同的影响。

反过来说，朋友圈不仅可以让我们更多地了解别人，也可以让别人更多地了解我们。我一直坚持发朋友圈展示我的生活，表达我的观点、认知、目标等。别人对我了解得越多，我的思想就传播得越广，就越能影响大家的认知、判断，我的影响力也会逐渐增强。

如果我们从来不发朋友圈，那么别人看我们就像看一个"黑盒子"，对我们完全不了解。我也经常跟同事讲，我们在职场里要多展示自己、表达自己，多让别人了解我们。如果别人面对的是一个自己很了解、很熟悉的人，他就会有安全感、信任感，会觉得我们好相处、好沟通，我们就会拥有更多的机会。

社群就是我们提高优秀好友密度的有效途径，可以认识和结交更多志同道合的人，更好地了解别人，也更好地展示自己，这是社群的人际关系优势。

（四）互动交流优势

互动交流就是交换信息，比如交换不同的方法、观点等。

我们用一年甚至不到一年的时间，在群里来来回回地跟大家互动交流，就容易形成长期关系。这一点比较简单，就不展开讲了。

（五）长期陪伴优势

有一位学员购买了"新媒体变现圈"社群，他在微信上和我说："粥老师，我之前买过你的音频课，听了特别喜欢，后来还参加了'21 天写作训练营'，然后交到了很多朋友。训练营结束后我又报了'30 天高阶写作变现营'，但是它们中间隔了一个多月的时间，在这期间我感觉心里空空的，所以我现在又报名参加了'新媒体变现圈'。我想一直待在一个积极的氛围里。"其实在这个案例里，用户的需求就是长期陪伴，他觉得没有融入一个学习组织和圈子就没有办法保持学习习惯和成长动力。

再比如写作这件事，假设有一群人陪着我们一起写，我们也许能写一年、两年、五年，也可能这辈子就一直写下去了。但如果没有人陪着，或者有人只在最开始陪我们写了一段时间，我们可能写了半个月、半年就放弃了。

我在写作训练营的运营群里也讲过长期陪伴的重要性。我用近三年的时间，把"21天写作训练营"做到20期。在这三年里，有很多学员为了得到长期陪伴，连续复训。因为很多人在刚开始写作时比较困难，遇到阻碍时没有人帮忙疏导，渴望认可时无法得到激励，所以他们需要在一个圈子里和一群人一起走下去。我们做新媒体，想把小红书做好、把直播做好、把写作学好，或者想把个人IP打造好，加入以年为时间单位共同努力的社群，会更容易长期坚持下去。

做好一件事其实往往都需要以年为单位。如果不加入社群，大家很可能只是买了一门课听，只是买了一个训练营参加，很快就放弃了。但是加入以年为单位的社群，我们在中途想放弃时，看到别人还继续努力着，自己可能就坚持下去了，或者中间短暂地放弃了一段时间，但看到有一群人在长期努力，自己也又开始努力。

三、从创作者的角度来看，年度付费社群的两大优势

（一）内容输出压力更小

从创作者的角度来看，做社群的内容输出压力会小一些。

如果做课程或训练营，我们要有一套成体系的内容，从头到尾，从第一节到最后一节都必须是完整的。但很多普通人刚开始做的时

候，很难做出完整的课程或训练营。

但是，做社群不需要先有成体系的内容，即使要输出 25 节课程，我们也可以一节一节地输出。

（二）内容共创机制更好

课程和训练营的形式是创作者单方面输出，但社群的形式其实是内容共创。大家做社群，千万不要做成一个只有自己做分享的社群。因为社群是大家的舞台，让更多的人站到这个舞台上，社群提供的价值就会更丰富。

我的"新媒体变现圈"目前的分享安排是我分享 100 场，嘉宾分享 50 场；下一期可能会反过来，我分享 50 场，嘉宾分享 100 场，这样能更好地发挥内容共创的优势。

为什么第一年是我分享 100 场，嘉宾分享 50 场？因为我希望第一年的内容足够"硬核"，毕竟在社群刚开始运营的时候，大家需要学很多知识，我来输出内容的可控性会比较强。

还有特别重要的一点是，我需要在运营社群的第一年里，认识更多的优质同行，挖掘更多优秀社群成员，这样才能让更多的人站到舞台上发光。

第四节

社群：如何从零打造一个持续赚钱的社群

对问题进行清晰的定义是找到解决方案的开始。所以要先定义一下什么是社群。

社群是有共同目标的人一起组成圈子。比如我们都想获得收益，这是一个共同目标。但是，只有共同目标这一个限定条件还不够，想要快速获得收益、投机倒把的人，跟想踏踏实实地获得收益的我们不一样，我们和这类人不能进入一个社群。

还有一个非常重要的关键词叫"价值认同"。比如在"新媒体变现圈"里，大部分人都坚持长期主义、利他主义、踏踏实实、知行合一，这就是价值认同。所以，一个社群除了有共同目标，还需要做到价值认同。在这一点上，社群和课程、训练营很不一样。在音频课上，大家没有连接，也就谈不上价值认同；在训练营里，大家一起短暂地学一门课程、学一项能力或解决一个问题，没有太多的价值认同感也没问题。但在社群中，大家的连接更深、相处时间更长，如果做不到价值认同，就没办法聚在一起。

综合以上两点，社群就是有共同目标和价值认同感的人组成的圈子。此外，我们还需要在"圈子"前加两个词——学习、交流。因为我们加入一个社群是为了学习的，也渴望跟其他成员交流。这样，我们就可以给社群下定义：社群就是有共同目标和价值认同感的人组成的学习和交流的圈子。大家把这句话反复看几遍，把每一个词都认真看看，对社群的认知就会高一个维度，会悟透很多道理。

这也是在处理事情上非常关键的一点：清晰地定义它，不要模棱两可，不要似是而非。

定义好什么是社群后，接下来正式开始分析如何从零打造一个持续获得收益的社群，主要有五点。

一、确定一个可以长期做下去的主题

为什么社群的主题必须是长期的？因为对社群来说，有三点决定了它必须选可以长期做下去的主题。

（一）产品续费制

在各类知识付费产品中，音频课没有续费制，用户单次购买，可以永久消费；训练营也没有续费制，用户虽然可以参加复训，但本质上是单次购买、单次消费。社群则区别于音频课和训练营，是典型的续费制产品。

如果我们的主题无法长期做下去，就难以让用户续费。我们的社群好不容易运营了一年或者两年，有了一大批忠实用户，结果下一年不能做了或者我们不想做了，就很可惜。

想要在商业上获得收益的逻辑正是如此：如果我们想更好地获得收益，就要做两种产品，一种是消耗品，一种是续费制产品。

因为我的孩子还太小了，不能成天开空调或者吹强风，所以家里很热，我一天到晚都想喝冰咖啡，就给星巴克"交"了很多钱。为什么星巴克这么赚钱？因为它卖的是消耗品，顾客需要不停地、重复地买。

所有把消耗品做好的公司，都可以"躺"赚几十年。巴菲特和查利·芒格都很喜欢投资这类企业。他们投资了一家非常著名的糖果公司，这家公司一旦成功做到长期赢利，用户就会持续依赖它，持续消费。

如果我们不能做消耗品，就做续费制产品。什么叫续费制产品？比较典型的例子是腾讯、爱奇艺、优酷等平台的会员。这些平台掌握了一些资源，用户每月或每年都得充值会员才能享受这些资源。再比如"得到"的听书会员，用户今年买了听书会员，不管听了 100 本还是 10 本，或是一本没听，明年想要继续听书就得续费。"帆书 ①"的听书年卡也是一样的道理。

过去，"得到"的营业收入比不过"帆书"，因为"帆书"一开始就做了一个核心续费制产品。但"得到"最开始做的既不是消耗

① 2023 年，"樊登读书"正式更名为"帆书"。

品，也不是续费制产品，而是音频课、付费专栏，这些都是单次消费、永久使用的产品。对于这些音频课和专栏，用户只需要交一次钱，就可以反复使用，不用再交钱。

所以现在"得到"除了推广训练营，也在努力推广电子书会员和听书会员。它只有把这些做好了，让用户不断续费，才能解决用户无法持续增长的致命问题。过去"得到"的用户可能每年增长几百万人，但是人数的增长通常是有上限的，增长了四五年之后就很难持续增长下去。"得到"做到现在，其用户总量已经差不多稳定了，不会再有特别大的增长，它接下来想继续获得收益，就要重复利用已有的用户，向他们推广电子书会员和听书会员。

做个人 IP 也会遇到这个问题，我们的用户不可能一直增长，也不可能每年都有特别可观的增长量。从去年开始，我就把年度付费社群的重要程度做了战略性提升。因为我不可能每年都做大量的音频课，我的粉丝量也不会每年都增长得特别多。其实过去几年我比较幸运，每年涨粉二三十万，但是我知道不可能永远按这个速度涨下去。那明年、后年怎么办呢？如果不能新增大量用户，我的音频课的销量就没办法保证。所以，我接下来的重点就是做年度付费社群，如果我能把"新媒体变现圈"做好，这个高客单价的续费制产品就可以解决我的收入问题。

越是铁杆粉丝少的个人 IP，越要重视打造一个可以持续做下去的年度付费社群，把这些铁杆粉丝服务好。

（二）经营品牌化

音频课更倾向于是一个独立产品，但是社群的经营方式更倾向于品牌化。

"帆书"是一个品牌，"生财有术"是一个品牌，我也要把"粥左罗"做成一个品牌。经营品牌化最重要的是持续积累无形资产，如果我们不确定一个可以长期做下去的主题，就无法实现持续积累。

（三）用户可积累

用户可积累，也可以叫用户可复用。我们做社群，总有一部分用户会持续跟着我们，其积累属性非常强。如果我们做得好，每年就能做到 50% ~ 70% 的续费率。

以我的"新媒体变现圈"为例。我会把该社群的核心用户都加为微信好友，并且打好标签：第一期学员的昵称前加"①"，第二期续费的学员的昵称前加"①②"，第三期依然续费的学员的昵称前加"①②③"。这样我就可以对核心人群进行非常好的管理。对于标"①②"的学员，我知道他连续两期付费；对于标"①③"的学员，我知道他第一期付费了，第二期没付费，第三期又付费了；对于标"①②③"的学员，我知道他连续三期付费；对于只标"③"的学员，我知道他是第三期新加入的用户。这个工作做起来不累，是典型的一次付出、持续收益的工作。我只需要把 1000 人的标签打好，在之后的时间里，我在了解大家、刷朋友圈或者在群里交流时，就可以非常清晰地辨认大家。这个工作也不需要用企业微信，毕竟我的社群用户数量目前只有几百、几千。

确定一个可以长期做下去的主题包含两层意思，以上是第一层，即主题本身可以长期做下去。写作和新媒体变现这样的主题一定可以长期做下去，因为新媒体已经成为一个成熟、稳定的行业了，它会持续存在 5 年、10 年、20 年，甚至更久。

另外，除了主题本身可以长期做下去，我们还要确保自己可以长期做下去。我们做一个年度社群之前，要反复向自己的内心求证，是否愿意持续做下去。如果只是这个主题本身可以长期做，但不能保证自己可以长期做下去，那也不行。

可以长期做下去的主题有很多，一旦确定要做某个主题就不要随意变更，不要今年做了这个主题的社群，明年想换另一个主题。这样我们就没办法持续积累无形资产，包括品牌、用户、影响力、口碑等。

从某种意义上来说，我们可以轻易地开始做音频课或训练营，因为音频课不需要我们考虑后续内容，训练营也是单次消费、单次使用的产品；但我们永远不要轻易地开始做年度付费社群，因为我们必须从长远的角度考虑后续内容，一个年度付费社群通常会持续运营三五年。

二、确定目标人群和价值观

我们做音频课，不需要确定目标人群和价值观；做训练营，可以确定部分目标人群和价值观；但是做社群，就一定要确定目标人群和价值观。只有同频的人聚在一起，才能够互相交流。

我以前做过一个成长社群，在招募说明上就写了什么人不适合加入这个社群：以为进来就能得到成长"速效药"的，请勿加入；希望能立竿见影地增加收入的，请勿加入；不会主动挖掘价值的人，请勿加入。这其实就是在确定目标人群和价值观，每个人做社群的时候都应该想一想，自己不希望什么样的人加入。

我做"新媒体变现圈"时，但凡谁问我"付了2899元之后多久可以赚回来"或者"加入之后一年可以赚到报名费的多少倍"，我就不希望他加入。如果用户是一个只学不干、想要一夜"暴富"和快速"翻身"的人，或者是觉得加入一个这样的社群就像抓住救命稻草的人，我也不希望他加入。

这里需要特别强调一点，我们千万不要害怕因此会失去一部分用户。这里面涉及长期价值和短期价值，以及看得见的和看不见的收益。如果一个人的价值观明明和我们不一样，但因为他加入社群我们就能多获得2000元的收益，所以就让他加入了，这其实是不对的。让这样的人加入社群，从短期来看，我们的收益多了2000元，但是从长期来看，他会破坏整个社群的氛围，降低整个社群的质量。看得见的是我们的收益，看不见的是他会影响其他用户的正常学习和交流。

我认识的所有社群做得比较好的朋友在退费这件事上都非常想

得开、放得宽，即有用户想退费，就尽可能允许。用户觉得自己不适合这个社群，我们还不给他退费，非得把他留下来，这其实对彼此都不好。

那么具体应该如何确定目标人群和价值观呢？我们要在写招募文案时，就把社群适合什么人群及不适合什么人群清晰地表达出来。

其实大部分人都做不了规模很大的社群，或者社群这种模式本身就决定了我们不应该把它做得规模很大。我认为比较合适的社群规模是三五百人，或者三五千人也可以，几万人的社群相对来说规模太大了。因为社群是一个圈子，当一个圈子大到有几万人，就不太好服务了，想让社群中的成员能有足够强的同频感、价值认同感以及共同行动和学习的感觉也是很难的。

当然，大部分人没有能力做规模这么大的社群，能做的通常都是千人以下的社群。从这个角度来说，我们更应该想清楚怎么把一个小社群经营好，持续做下去。一般来说，社群越小，成员间越亲密，社群的运营效果就越好。所有有匠心的人、想真正跟一群人一起做好一件事的人，能够运营好一个小社群，就会特别有成就感、幸福感和满足感。假如我们运营的是 500 人的小社群，大家一起学写作、读书，彼此能够充分了解，互相连接、交流，成为朋友，那么这就是一件非常好的事，也是大部分中、小 IP 将来应该持续做的事。

三、确定运营重点

运营重点其实就是社群的核心卖点，也是用户的付费理由。

针对如何确定社群的运营重点并使社群真正运转起来，有一个基本的分析框架，主要包括内容、行动、交流三个部分。

（一）内容

比如，我的"新媒体变现圈"的运营重点是一年内社群创始人粥左罗的 100 场分享和嘉宾的 50 场分享。我在第一期只做 5 个持续 7 天的实战营，交流是内嵌在实战营里的，没有单独的微信群。所以，行动和交流在第一期都不是我关注的重点。我在第一期关注的重点或者社群的核心卖点其实就是内容。

一般来说，社群的核心内容有三种来源：第一种是创始人，第二种是嘉宾，第三种是社群成员。

市面上有很多社群，所以把社群成员的输出变成社群的核心内容就非常重要。我的做法是，不让社群成员自由地在社群里分享。有很多以社群成员输出为运营重点的社群做得很成功，比如帅张和萧大业的社群。

我最开始做成长社群时是允许每个社群成员自由输出的，但后来在设计"新媒体变现圈"时没有继续采用这种做法。因为如果一个社群的内容是运营重点，那么可能存在这样一个事实：在社群里，只有少数人有能力输出值得大多数人看的内容。

我的"新媒体变现圈"以内容为运营重点，在这个社群里，内容如此重要，我就不能把内容输出权交给所有社群成员。如果我把这个权利交给所有社群成员，最后社群中一定会产生大量不值得大多数人看的内容。如果你的社群的运营重点也是内容，那就需要考虑一下这个问题。

我输出内容的形式主要有三种：图文、直播和群分享。图文就是直接在"知识星球"发布图文干货，比如"生财有术"发布的内容就以图文为主。我的"新媒体变现圈"的核心内容输出形式是直播，我的 100 场分享和嘉宾的 50 场分享都是采用直播的形式输出的。群分享就是在微信群里通过语音、文字、图片等进行分享。

（二）行动

行动主要有三种：第一种是作业，第二种是活动，第三种是训练营。

1. 作业

我们可以每天或每周在社群里给大家布置作业，让大家以作业为导向去行动。打卡就是一种以作业为导向的行动，比如要求大家在这周内阅读《乌合之众》，每天读完后通过在"知识星球"或者小程序里写 300 字读后感的形式进行打卡。

2. 活动

以活动为导向的行动是指组织各种主题的活动让大家参与。

3. 训练营

现在有一个趋势，就是越来越多的社群会内嵌训练营。因为在知识学习的领域里，行动变得越来越重要。课程和方法论被不停地生产出来，但是很多人学完不付诸行动。

我的"新媒体变现圈"的第一期里有五个主题的实战营，这样设计就是为了让大家行动起来。"生财有术"每一期都会举办好几场名为"大航海""小航海"的训练营，S老师的"S成长会"里也有各个主题的训练营。

（三）交流

交流可以在线上进行，也可以在线下进行，还可以线上、线下结合进行。

线上的交流就是指在微信的日常交流群、活动群或者训练营群里交流。我的"新媒体变现圈"没有日常交流群和活动群，只有训练营群，用户参加实战营就可以进群跟大家交流。还有一种是所谓的快闪群。比如在"6·18"期间，我们会给所有做小红书的成员拉一个群，给所有做视频号的成员拉一个群，给所有要开直播卖知识付费产品的成员拉一个群，等等。

线下交流方式包括举办全国性的线下聚会、组织城市主题聚会等。全国性的线下聚会规模比较大，运营重点是增强社群的势能和影响力。城市主题聚会的运营重点是促进社群成员建立关系，让大家成为朋友。

在分析社群的运营重点时，框架非常重要，我们要在确定框架之后再填充具体策略。我们要做一个社群，就得先思考要交付什么内容、开展什么行动和如何进行交流。此外，我们还要思考：具体设计一个社群时，内容、行动、交流这三个部分是不是都要兼顾？

其实不是。我们在确定运营重点时，大体知道怎么策划和构建之后，需要掌握的一个非常重要的原则就是学会放弃。因为我们做得越多，越容易做不好。每一个社群创始人都想提供更多的服务，让社群成员觉得加入自己的社群很值得，进而促进更多人购买。但是矛盾点在于，越想提供更多的重点，就越没有重点；越想提供更多的服务，就越做不好服务。所以在做社群时，我们一定要特别有主见，不要被竞争对手影响，也不要被一部分社群成员的要求裹挟。我们只需要坚定地按照反复思考之后确定下来的运营重点执行就够了。

学会取舍首先要做的是三选一，即我们要在内容、行动、交流三个部分里选择一个作为重点。但这里的三选一不是选择一个，放弃另外两个，而是另外两个做辅助。我们在三选一之后，也不是全面地做确定下来的那个"一"，而是要做其中的重点。我们也可以从另外一个角度思考，如果我们全都做而且都做好，那产品的价格一定很高，可能购买的用户就会减少；如果服务很多，价格还低，那我们就没有利润可言。

我的这个社群的运营重点就是 100 场创始人分享加 50 场嘉宾分享。很多人想让我做微信群和直播回放，但我选择不做。因为我一旦都做了，很可能最后什么都做不好。

所以，从某种意义上来说，能做好社群的人得是一个特别坚定、不会轻易被别人影响的人。大家一定要学会取舍，保留最核心的运营重点。

当然这里面还有一个特别重要的点，就是我们得给自己留出来迭代的余地。如果我们在第一期就把所有事情都做了，在第二期、第三期还能做什么呢？一个社群一年年、一期期做下去，是需要不断迭代的，不可能做一个年度付费社群，每年的内容都一样，这样的话续费率一定很低。

四、定价

对于一个社群来说，定价也非常重要，甚至比音频课和训练营的定价更重要。

音频课在整个行业里是有锚定价格的，大多是 99 元、199 元或 299 元。训练营也有锚定价格，21 天的训练营的价格一般是 1000 元左右，小班制训练营的价格是 2000 元左右。但是社群没有可以参考的锚定价格。所以，社群定价的弹性非常大。社群是一个完全个性化的产品，定价为 500 元、1000 元、2000 元、5000 元都可以。

当然，定价肯定不是毫无根据的，要依据两个因素：IP 价值和社群提供的服务。

1.IP 价值

比如像我这样的 IP，做一个价格为 2000 多元的年度付费社群是合理的，这样既不会显得很廉价，也不会显得很贵。

2. 社群提供的服务

在定价上，除了考虑自己的 IP 价值，我们还要考虑一个很重要的因素，就是社群提供的服务。在这一点上，我们可以用成本翻倍的算法来定价，即明确社群提供什么核心服务，这个服务的成本是多少，我们想在成本的基础上获得多少利润。

比如，我做"新媒体变现圈"是这样定价的：根据我一年的工作总时长和一年的营业收入，可以大概算出我的 1 小时大概值 5000元。按照这种算法，我在社群里做分享，每次分享 90 分钟，就是7500 元，我一年做 100 场分享，成本就是 75 万元。再加上我邀请嘉宾的成本在 20 万元左右，这样单是分享这一个最核心的部分，我的社群成本就是 100 万元左右。然后我再思考，基于这 100 万元的成本，我想获得 2 倍还是 3 倍的收益、社群大概能招到多少成员、每个成员应付的单价是多少。

我们做任何产品的定价，都要有一个计算方法。我现在做音频课、训练营或者社群，都会根据对自身的情况及对市场的了解确定一个比较合理的价格。

当然，从整体上来说，我们还要学会和同行对比。用户肯定会对比，所以我们要在对比之下让自己的价格和产品显得物美价廉。假设市面上已经存在一个写作社群，它的价格是 1000 元，我们想做一个价格为 2000 元的社群，用户肯定会把两个社群进行对比，看那个社群提供了什么服务、我们的社群提供了什么服务，从而判断哪个社群更值得加入。如果两个社群都提供作业批改的服务，提供差不多场次的分享，运营重点也差不多，我们的价格却是别人的两倍，那么用户就会觉得不值。所以，我们要让最终的价格合理，就要明确提供什么样的服务可以支撑自己的社群的价格是别人的两倍。

我不建议做低价社群，即 500 元以下的社群。以前很多人入驻"知识星球"，只需 199 元或 365 元，但是知识付费产品发展到今天，我比较建议大家做千元以上的社群。因为如果社群的价格只有几百元，就意味着我们的总收入很低，我们也就无法重运营、重交付。虽然用户交的钱少，但是他最终得不到很好的服务，就不会产生好的口碑和持续付费的动机。所以我的看法是宁愿加入社群的人少一些，每个人多交一些钱，我们花更多时间提供更多优质服务，这样就可以继续做第二期、第三期、第四期社群。

我们也可以算一笔账，如果我们做一个 500 元的社群，招 500 人，一年的收入有 25 万元，这对一个中、小 IP 来说可以接受；如果我们做一个 199 元的社群，500 个人加入，一年的总收入才接近 10 万元，就算有 1000 个人加入也才接近 20 万元。因此，定价不仅影响用户的数量，还影响筛选出来的用户的付费能力。一般来说，价格高的社群筛选出来的用户，付费能力大概率更高一些。

五、确定续费理由

我们在运营社群的过程中，应该经常思考：这一期社群结束之后，下一期用户的续费理由是什么？如果我们想不清楚这一点，那么社群的续费率就会很低。

比如我们"新媒体变现圈"的第一期正在进行中，但我现在就已经明确了第二期的重点是实战。这背后的逻辑是什么？在第一期社群里，我通过一年 100 场分享把怎么做好新媒体变现的一整套方法论给大家分享得差不多了，再加上 50 位嘉宾的分享，关于新媒体变现的方法论就讲得很全面了。

如果下一期这个社群的重点还是分享，那么用户根本消化不完。因为第一期加上第二期一共 300 场分享，300 场分享的内容大概就是 300 万字，这需要用户花大量的时间和精力来消化。所以，我在第一期输出一整套全面的方法论，让大家对这些方法论有一个学习认知和参透本质的过程。通过一年的时间，用户跟着我把整个新媒体的方法论思考、理解了一遍，对新媒体这个领域的认知就会达到一个较高的水平。

做第二期时，我在第一期的基础上增加大量的实战营，到时候可能一年要做至少 10 个实战营。虽然我也会做分享，但做分享的频率会低一些，可能一周做一次分享，目的是跟大家交流或者同步最新的思考。分享不是第二期的重点，实战才是。

不过这样做也有一个问题，如果每个月都有实战营，社群的价格可能要高很多。如果社群的价格太高，一定会劝退很多想加入社群的人。假设一期社群有 12 个实战营，一个实战营的成本是 300 元，12 个就是 3600 元，再加上别的服务，社群的价格得在 4000 元以上，其实挺贵的。

不过，有一个折中的解决方案：不是所有加入社群的人都想要参加每一个实战营，每个人可能只想参加其中的几个实战营，那我可以把社群的定价设置为 2000 多元，用户加入之后可以任意选择参加其中的 6 个实战营。有些人可能暂时不想学怎么做小红书，那就不参加做小红书的实战营；有些人暂时不想学做公众号，那就不参加做公众号的实战营。社群一共开设了 12 个实战营，每个人进来可以免费选择其中的 6 个参加，如果有用户想要多参加，就要为额外的实战营付费。

当然，本书无法提供给大家一个绝对全面的方法论，因为每个社群都不一样。大家要不断思考和研究同行的做法以及这个行业本身的变化，这样才能有迭代、有创新，才能保证我们的社群有吸引力。

第五节

训练营：个人 IP 变现，为什么一定要做训练营

训练营是相对来说比较难做的产品，但也是当下这个阶段比较值得做的产品。

2022 年 5 月 26 日，"得到"推出了新品牌"得到训练"，我为它写完品牌推广的软文后，也思考了一下："得到"是知识付费领域一个标杆性的存在，它所有的动作都不是随便做的，一定是经过了深思熟虑、反复验证才会推出一个新品牌。"得到训练"用了绿色作为全新的品牌色，是为了突出"训练"这个词。因为足球场就是绿色的，它想用绿色传递出"我们可以在训练场上把一项技能学到手"的含义，所以它接下来非常重要的动作就是推广训练营。

接下来我们一起讨论线下为什么一定要做训练营。本节主要有五个部分。

一、用户在知识付费方面的核心痛点

训练营的作用，就是组织一群人，在一定周期内通过学习、做作业、交流的方式让他们更快地掌握某项能力。

一个产品之所以存在，是因为它满足了用户的某项需求。之所以创造一个产品来满足用户的需求，是因为我们发现了用户的痛点。那在知识付费方面，大家有什么痛点？

（一）买完不学

很多人买了音频课不学，就像很多人买了书不看。有的人可能觉得自己写了书、出了课，只要把它们卖出去就好，不需要关心大家学不学。

其实不是这样的。用户买我的训练营或者社群，我一定是希望用户能有所收获的。因为用户来到我的训练营，花费的最贵的东西不是金钱，而是时间和注意力，它们才是最具价值的。

我们做个人 IP，最想得到的是价值，是用户的时间和注意力。我的口碑和影响力就是在我真的占据了用户的时间和注意力之后形成的。

我一年写了十本书，最开心的事不是用户把我的每一本书都买了，而是他把时间和注意力花在了我写的书上。用户付出的时间和注意力是我这个 IP 的生命力能够持久的核心原因，用户如果不愿意把时间和注意力交付给我，哪怕交了钱，我这个 IP 也没有立足的根本。

（二）只学不练

这里又引申出一个问题，只有用户在乎自己练不练习吗？其实不是。作为一个知识 IP，我也很在乎用户练不练习。

如果用户一直买我的课，但一直只学不练，对我来说也是有损失的，因为这相当于优质的、被深度改变的学员在所有学员中的比例越来越低。只有深度改变一部分学员，我这个 IP 才能越做越持久，如果我没有让用户真正实现改变，那我这个 IP 的生命力就会越来越差，所以我比用户更希望他们学了之后进行练习。

（三）没有同学

如果没有同学，学习就成了一件非常孤独的事情。毕竟只有很少数的人可以做到享受孤独，完全自学，自己规划自己，自己要求自己。很多人不管学什么都需要同学，这是我们从小到大一贯采用的模式。

我们在操场上奔跑，操场这个场景会给我们传递一个要运动的信息，会对我们形成行为暗示；我们从操场跑回教室，有很多同学在看书、写作业，这个场景传递给我们的信息、形成的行为暗示又跟操场这个场景完全不一样，它给我们的暗示是我们要学习。

所以场景非常重要，而同学是构造学习场景的关键。只学音频课的话，就难以构造学习场景。

（四）没人指导

我们去上游泳课或去健身房请私教，解决的痛点都是自己遇到问题时有人指导。如果没有人指出我们的错误，我们可能连续错 10 次、20 次都不知道自己做错了。

很多人写公众号文章，甚至专职做新媒体编辑，可能做了很久也没有做出成绩来，但他们不知道哪里出了问题，因为没有人指导他们。

二、训练营在用户体验方面的核心优势

（一）完课率高

完课率高是训练营的独特优势。现在大部分人买一门音频课，全部学完的概率可能连 20% 都不到，也就是说，大概有 80% 的人学不完。但是作为知识 IP，我希望打造出一门能够深度影响别人的好课程。在这一点上，训练营有非常大的优势，可以大幅提升完课率。

有人可能会说，我的音频课的完课率比市面上的其他音频课的完课率要高。一个非常重要的原因就是我会在直播的时候不停地提醒大家听课，不断地激发大家的听课动机，这样音频课的完课率就会提升一些。

从用户体验的角度来说，完课率高是训练营的第一个优势。我过去的训练营基本上能够做到 80% 的完课率。

（二）获得感强

当用户做得更多的时候，他的获得感就会更强。参加一个训练营，用户每天要听一节课，甚至要反复听，还要做作业、跟同学交

流、参加一些活动等。用户的行动越多，最终的获得感就越强，他会觉得在参加训练营期间做了很多事。

但是在听音频课时，用户可能就没有那么强的获得感，这有时是因为用户在听音频课的过程中没有做那么多事，只是单纯地在用耳朵听。与整个市场上的大多数知识付费产品相比，音频课的获得感其实是最差的。

（三）圈子交流优势

学东西一定要进圈子，这是我每一次做训练营时都会讲给大家听的话。学滑板就得进滑板的圈子，学滑雪就要进滑雪的圈子，学写作就要进写作的圈子。我之前在直播时也讲过，如果我们想要做一件事，那么进入专业的圈子、接受专业的训练是提升我们学习效率的最快方法。进专业的圈子、结交专业的朋友、跟着专业的人学习，我们会进步得更快。

本质上，圈子是我们给自己打造的一个环境。如果我们没有加入圈子、没有跟他人交流，就没有打造出属于自己真正的学习环境。在听音频课时，用户跟课程打交道，不跟别的同学打交道，也不跟老师打交道，大家连接不到一起；而在训练营里，用户除了跟课程打交道，还要跟一群人打交道，比如其他用户、助教。这是非常重要的圈子交流优势。

在一个专业的圈里，环境和氛围会对用户产生督促作用，产生积极的影响。同学之间你追我赶的学习节奏会让我们看到别人都在努力付出、变得更优秀，我们也会情不自禁地想跟上他们。

大多数人都有一种恐惧心理，就是害怕落后，或者说是眼睁睁地看着自己落后。可能很多人未必想争第一，但都怕被别人甩得太远。比如用户在我的写作训练营里可以看到有的学员一天把课程反复听5遍、10遍；或者发现有些人连续好几期参加写作训练营，还承诺今年要连续更新100篇文章。用户看到这些时是会有压力的，但是压力可以转化为动力，如果他不在这个圈子里，就感受不到这件事。这就是圈子交流优势。

还有一点很重要——人在事"连"，即人和人在很有深度的、有共同目标的事上才能连接得好。如果我们只是加一些微信群，群里面不需要完成集体任务、没有要共同达成的目标，那我们在群里面结交的朋友就都是泛泛之交。

我曾经加过很多微信群，我也在这些群里面加过别人的微信，也有别人加过我的微信。但在大多数情况下，我们只是礼貌性地给对方发一下自我介绍，简单寒暄一下，然后结束对话，后面可能再也没有什么交流，这其实根本不能叫连接。但大家会发现，参加我的写作训练营之后，在这里交到的朋友是有后续沟通的，甚至每个人参加一期写作训练营都能交到三五个甚至更多的可以长期交往的朋友。

（四）深度服务、深度学习

市面上的音频课几乎没有服务，社群的服务稍微多一些，训练营的服务是最多的。用户在训练营中会得到很多服务，有老师帮他解答问题，有助教帮他指导学习，有班长帮他解决困难，还有运营人员帮他整理一些内容，等等。这种深度服务的优势是其他形式的产品所没有的。

除了深度服务，训练营也会在一些方面让用户不由自主地进行深度学习。

首先，训练营有时效性。用户买了一门音频课，想什么时候听就什么时候听。很多人在我的直播间里问课程的有效期是多久，这通常意味着用户可能现在买，但不一定现在听。音频课可以被永久回听，我们可以说它性价比高，但也正因为这一点，很多人最后反而连学都不学。我们不敢把音频课的有效期设置成一个月，虽然从现实层面上来讲这可能会让用户的学习效率变高，但是用户会觉得这不划算。而训练营就解决了这个问题。训练营限定了学习时间，这会给用户非常强的紧迫感，促使用户必须跟着大家一起学，从而让用户不由自主地进行深度学习。

其次，训练营有规划好的学习节奏。在训练营里，我们会告诉用户在哪一天听哪一节课、在哪一天做什么作业，这其实是在帮用户规划学习节奏。如果用户买的是音频课，通常没有人帮他规划学习节奏。

最后，在整个训练营进行的过程中，陪伴感也非常重要。做内容服务、各种社群服务的博主一定要认真理解"陪伴"这个词，把它理解透了，就能做成很多事情。陪伴是人类永恒的内在需求，现在的人很多时候是感到非常孤独的，而且社会越发展、经济越繁荣、文明水平越高，人就越孤独。所以，在各种层面上，人都需要陪伴。学习也是一样，这也是为什么我们会越来越重视训练营和社群。

三、训练营在产品收益方面的核心优势

在这部分，我们回到出品方、公司或者团队的身份，来讲一下训练营在产品收益方面有什么优势。

（一）拥有丰富的产品体系

我们为什么要有丰富产品体系？一个服务得成体系、成生态，才能更好地满足用户需求。我们喜欢逛淘宝，因为我们的很多需求它都能满足，这得益于其丰富的产品体系。如果我们没有丰富的产品体系，就没办法满足用户日益增长的需求、给用户更好的体验。

（二）能够承接高阶需求

承接高阶需求是什么意思呢？有很多买了音频课的用户需要更高阶的服务，我们需要有承接这种需求的能力，如果没有，这些用户就会去别人那里寻求满足。

比如很多用户学完写作音频课之后想再到训练营里实践，但我们没有训练营，他们不会因为我们没有训练营就不学了，只会去别的地方学习。

（三）覆盖特定需求

有很多用户可能是某一特定产品形式的消费者，比如有些人基本上不买音频课，只买训练营；有些人可能不买训练营，只买社群；也有些人就想自己学，觉得跟着训练营学习，时间不自由，所以只买音频课。不同的人群有不同的需求，如果我们只做一种形式的产品，就满足不了很多人的需求。

所以，我们要将同一套方法论开发成几种不同形式的产品。比如我有一套写作方法论，那么可以同时将其开发成书、音频课、训练营和社群，当然，如果条件允许，还可以做一对一咨询。这是最理想的。

（四）客单价高、利润高

为什么"得到"要做训练营？因为训练营的客单价基本上是音频课的 10 倍，卖出 3000 份训练营相当于卖出了 3 万份音频课。当然，训练营的成本肯定也更高，但最终算下来，训练营的利润还是比音频课的高。

通过提高服务水平来提高利润是一种常见的商业做法。海底捞就是一个典型案例。它给用户提供很多额外的免费服务，但是我们知道，事实上它只是通过多提供服务，在其他地方收取更多费用，然后顾客还会认为服务这么好，贵点也是应该的。

从这一点来说，训练营也是一样的道理。虽然训练营的利润率不高，但是单个用户的利润高。比如我的写作训练营，其单个用户的利润可能是 300 元左右，而音频课的单个用户的利润可能就只有100 元。而且，很多训练营的利润率比我的高很多，他们的利润率能达到 60% 甚至 70%，也就是说单价 1000 元的训练营，其利润能有六七百元。

所以，从整体来说，训练营的利润是比较高的。

（五）交付周期短

交付周期短这个优势是对比社群这样的产品形式来说的。

做"新媒体变现圈"把我累得够呛。我感觉做完第一期之后，整个人像涅槃重生了一样。很多同事和学员都觉得我每天的状态特别好，不管是公开直播还是私密直播，我看上去都很有激情、神采飞扬。但真实情况是我每次直播完都感觉很累，什么事情都不想再干了。

大家不要觉得我每次晚上 10 点左右做完一场直播后，还能再去做课程、看书。事实上，我直播完之后的一两个小时几乎什么都干不了，因为在直播的过程中，我要保持精神亢奋、持续高强度输出，直播结束后就需要让自己彻底冷静下来，不再往脑子里输入任何东西，真正地放空自己。所以，我在直播结束后经常去外面溜达，要么在河边走走，要么去吃个烧烤，因为我需要让自己放松。

所以，相对来说，交付周期短真的是训练营一个非常大的优势，我们做训练营再累也就累 21 天或 30 天，结束之后就可以先好好休息一阵。

（六）收获更多铁杆用户

我有非常多的铁杆用户都来自训练营，因为大家在短时间内深度连接过，有共同的目标、共同的任务，彼此有深度的接触，这是产生铁杆用户非常重要的因素。所以，只做音频课很难收获铁杆用户；只做一对一咨询可以收获铁杆用户，但是数量太少了，一年可能只能收获 100 个铁杆用户。

如果我们想在一个行业里有更大的影响力，就需要更多铁杆用户。在过去三年多的时间里，我的训练营至少有 1.5 万人参加过，这些人分散在新媒体各个细分领域里，就相当于到处都有我的声音，到处都有人在传播我的口碑。在我不知道的千千万万个公司里，一定有从我的训练营中走出去的人，他们是我撒在这个世界上的一粒粒种子，让我的影响力在各个地方扩散，让我的 IP 有更持久的生命力。

四、训练营对于创作者的优势

（一）课程的可复用化

课程的可复用化就是开发出一套课程或方法论，其可以从第一期一直用到第十期、第二十期。

（二）服务的模式化、标准化

做第一期训练营是最累、最辛苦的，因为要从头去定位它、描述它、设计课程、设置作业、规划学习节奏等。

很多用户参加了"新媒体变现圈"社群的第一期 7 天实战营，觉得作业设置得特别好。其实每一份作业都是我设置的，为什么要做这份作业、做这份作业有什么思路、要做到什么程度等，我都一一思考并罗列出来了。每一次从零开始规划一期训练营都让我非常痛苦，但是我还是在努力地做。每个月我都要受一次苦，但我觉得很值得，因为我要使服务模式化、标准化，以后在"新媒体变现圈"的第二期中就可以直接用这些成果了。

我的"21 天写作训练营"现在已经形成了标准化服务。设计写作训练营的作业需要我们对写作有相当深刻的理解，但只要我们设计出一套很好的课程和作业，以后就可以将其作为模板反复使用。

（三）可以相对脱离创始人

社群不能脱离创始人，因为创始人是社群中一个非常重要的精神领袖或者行动榜样，他必须始终存在。但是训练营可以相对地脱离创始人，因为训练营的核心是训练，我们把方法论开发出来，使服务模式化、标准化之后，就可以让自己从中脱离出来。

五、训练营的缺点

所有东西都是优点与缺点并存的，接下来讲一下训练营的缺点。

（一）没有续费机制

相对于社群，训练营有一个非常大的缺点，就是没有续费机制，用户只能一次性消费。

这其实挺可惜的，因为愿意支付训练营学费的学员一定都是非常优质的用户，但我们却留不住他们。虽然训练营也有复训，但复训并非所有人都会参与，也不是一件长久的事情。

（二）招生压力大

我从 2019 年 4 月做第一期"21 天写作训练营"，到现在做到第 47 期，每个月都要顶住非常大的压力去解决招生问题，累到眼冒金星。我做"7 天写作特训营"也是为了帮"21 天写作训练营"招生。某段时间，我刚完成一次"7 天写作特训营"的招生和转化，但一想到再过几天又要开始新一期的招生，我就很头疼。

前段时间，牧心老师开了一期高效成长训练营，第一期的招生当然很容易做，因为她过去没做过这个产品，一些铁杆用户会马上买单。但接下来的第二期、第三期应该怎么招生呢？脱不花用一年多的时间做的沟通训练营很有商业价值，她想要持续办下去就要每个月都做直播、做转化，到处找流量，肯定特别累。如果我们的总用户池没有扩大，招生就会是一个非常大的问题，我们会面临很大的招生压力。

（三）服务压力大

我们做训练营，必须给大家提供更多、更好的服务，这样大家才会觉得值，不然用户会觉得他买我们的音频课只要 139 元，为什么要花 1000 元买训练营？

从这个角度来说，训练营的优势是服务更好、体验更好，反过来看，其劣势就是我们必须有能力组织更多的人来服务用户。如果我们没有这个能力，就很难做成这件事。我们需要有一定的组织管理能力、沟通能力，才能把训练营推进下去。如果没有文文这样一个合伙人来帮我做这些事情，我可能就不做训练营了，而是宁愿多做一些音频课或社群，也不愿忍受一个月做一次训练营、每次都要重新想办法招生、筛选班长和助教等一系列事情。

（四）交付压力大

用户参加训练营，对我们的期待会更高。很多人经常问"我参加你的训练营，能够学到什么程度？""是不是学完就能写出阅读量超过 10 万的文章？""我参加你的训练营，多久能够变现？"所有买训练营的人对我们的期待一定比买音频课的人更高。我们必须想各种办法来满足这种期待，但这就会导致我们的交付压力特别大。

训练营的优势和缺点基本讲完了。是否做训练营得综合地看大家的整体发展处于哪个阶段，还包括大家的个人能力、性格、团队构成和流量等各种各样的因素。我的建议是，大家尽可能地做训练营，哪怕做不到每个月开一期，一年开两三期也是可以的。

第六节

训练营：如何从零打造持续赚钱的训练营

一、明确要带领一群人做什么

训练营最重要的就是训练，它以目的为导向，通过一系列行动得到一个满意的结果。

所以，做训练营首先要定义"做什么"，一般有三个方向：一是训练一项能力，二是解决一个问题，三是达到一个目标。

（一）训练一项能力

"21 天写作训练营"就是典型的训练一项能力的训练营，此外，"得到"的"管理者沟通训练营""项目管理训练营""职场写作训练营"等都属于训练一项能力的训练营。

训练营针对的是一项大的能力，而不是某项具体的能力；不会特别聚焦一个问题，最终也不一定会产生一个明确的结果，强调的是在整个训练的过程中带领大家一起提高这项能力。

（二）解决一个问题

市面上有很多减肥训练营，它们就是要解决一个实实在在的问题：减肥。

"新媒体变现圈"的实战营也是围绕解决一个问题做的，第一期"百万定位七天实战营"的核心就是帮助大家解决定位问题，因为定位在打造个人 IP 的过程中非常重要。

很多人想要打造个人 IP，可能最头疼的是商业模式设计，因为大部分人没有受过良好的商业训练和商业思维锻炼，不知道怎么设计商业模式，不知道用什么产品、什么方式、怎么获利，所以我们也可以设计一个"14 天商业模式训练营"。

训练营的时长为多少天，取决于解决某个问题需要多久，比如设计一个商业模式可能 14 天就够了，甚至压缩到 7 天也可以。但是，如果我们要解决减肥问题，使用科学的减肥方式，7 天、14 天都很难有效果，解决这个问题可能最少需要 21 天；如果想让大家得到一个更好的结果，比如练出腹肌或者马甲线，可能需要更长的时间。

（三）达到一个目标

"30 天高阶写作变现营"就属于这一类。当然，它也包含训练能力和解决问题这两方面，但其更重要的落脚点是投稿变现，比如在 30 天的时间里带领大家通过写作成功变现一次，虽然学员们不一定必须完成，但要有一个清晰的变现目标；或者做一个"21 天起号训练营"，带领学员一起做抖音、小红书或者视频号，目标是在 21

天里获得 1000 个粉丝；再比如做一个"21 天早睡早起训练营"或者"21 天日更写作训练营"，它们的目标是让学员养成一个好习惯。

如果我们要从零设计一个训练营，首先要回答的问题就是我们希望带领一群人做什么，是带着大家减肥、早起，还是带着大家读书、写作、演讲等，即明确训练营的核心方向是训练一项技能、解决一个问题还是达到一个目标。

二、定义最终取得的成果

明确要带领一群人做什么后，就要定义最终取得的成果。

拿音频课来对比，用户购买我的一门音频课，我对用户的学习成果是不负责任的，因为音频课采用的是自学模式。对于音频课或者视频课这类不附加服务、不做训练的知识付费产品，我们不需要定义成果。但是，如果做训练营，就必须定义成果。

用户参加训练营，支付了较多的费用，把自己 21 天中每天的两小时交付给我们，一定是希望能够在训练营结束后得到一个成果。如果没有成果，用户就无法评价在这 21 天里得到了什么，会没有获得感。所以，做训练营一定要定义成果，让用户通过训练得到成果，用户才会觉得交的钱和花的时间是值得的。

以我的"30 天高阶写作变现营"为例，其核心成果有两个。第一，训练营结束时完成 5 篇长文写作。在这个过程中，用户有老师帮忙指导选题和文章框架，提供具体的修改建议。因为完成了 5 篇文章的写作，而且这 5 篇文章是有头有尾的商业化作品，所以用户会觉得在训练营结束后有所收获，很有成就感。第二，我们要尽可能帮助每一个用户成功投稿变现。用户写好的文章由助教帮忙修改，修改完成后老师还会帮忙对接公众号的编辑进行投稿，如果稿件被"帆书""洞见"等公众号选用，用户不只会拿到稿费，还会得到一份荣誉，一份认可，这些成果都是清晰可见的。再比如，在"新媒体变现圈"里，我做了一个 7 天"爆款"短视频实战营，这个实战营让用户得到的是一套打磨"爆款"短视频的流程，最重要的是让用户花 7 天时间完成了一个短视频作品。

成果还有强成果和弱成果之分。我们做的是什么样的训练营，可能决定了我们要定义的是强成果还是弱成果。

比如，针对 7 天"爆款"短视频实战营，我们可以定义一个强成果，比如让用户把点赞量做到平时的几倍；但是像"得到"的沟通训练营及我的"21 天写作训练营"，我们不可能定义强成果，因为这类训练营训练的是系统的能力，而不是单项具体的能力，分配在单项具体能力上的时间并不多。如果定义一个强成果，可能大部分人都取得不了这样的成果。比如我的"21 天写作训练营"会带领用户练习标题、开头的写作，用户在这 21 天里收获的是一套系统的训练方法和认知，所以我不太可能定义强成果。

一般来说，弱成果的训练营价格不会很高，像我的"21 天写作训练营"和"30 天高阶写作变现营"的价格就是有差距的，甚至我将来可以把"30 天高阶写作变现营"的价格调得更高，因为我为它定义了一个投稿变现的强成果，用户通过每天的训练最终可以取得这个成果。

再比如减肥训练营，它带领用户养成好习惯，同时让用户收获一套减肥方法，比如了解应该怎么吃、怎么运动，所以弱成果的减肥训练营的价格可以是 899 元或者 799 元、699 元。但如果我们要做一个强成果的训练营，比如 38 天减肥训练营，目的是帮助每个人瘦 10 斤，就可以把价格提上去，比如定价 1899 元。

当然，这里有一点非常重要，如果我们定义了一个强成果，承诺大家到期未取得相应成果就全部退费或者部分退费，那么一定要设置一个前提，即用户真的按照训练营的要求做了。比如减肥训练营的用户必须每天打卡今天是怎么运动的，吃早饭、午饭、晚饭时要将吃的食物以视频或者图片的形式发布出来。如果用户没有按要求做，就不能因为自己到期没有瘦 10 斤而要求退费。

三、定义要服务的目标人群

我的"21 天写作训练营"对人群没有硬性定义，只要是想学习新媒体写作的用户都可以参加，不管他的目的是提高写长文的能力，还是提高沟通能力。

一般来讲对于单纯训练一项能力的训练营，我们不太需要定义非常垂直的目标人群。一个创业者想去参加沟通训练营，肯定没人拦;一个程序员想参加沟通训练营,也没问题;或者一个新媒体编辑、一个设计师想参加沟通训练营,肯定也可以。对于这种训练营,只要用户对提高沟通能力有需求,那他就是沟通训练营的目标人群。

但是,我们如果做的是解决一个问题或者达到一个目标的训练营,通常要对目标人群进行把关。假如我们做一个 38 天瘦 10 斤的减肥训练营,如果一个女生身高 165 厘米,体重只有 90 斤,她的体脂率本来就很低,我们就不能让她报名,因为她再瘦 10 斤可能就会影响健康了;或者做 "30 天高阶写作变现营",如果一个用户连 300 字的短文都写不好,我们也不建议他参加,我们希望参加该训练营的用户至少可以完整地写一篇 2000 字以上的长文;再比如开一个做 "爆款" 短视频的训练营,用户至少应该已经开始做账号了,这样我们才更容易把握最后的成果和口碑。

当然,本书不能把所有类型的训练营都讲到,因为训练营涉及的领域太多了,我们针对每一个训练营定义、筛选的目标人群都不一样。需要强调的是,我们要清晰地定义训练营的目标人群。因为我们要给大家交付一个成果,要保证训练营的氛围和用户的参与度,就要避免让不合适的人参加,防止最后没有成果输出。

四、搞定一套方法

我们带着用户减肥也好,梳理定位或商业模式也好,让用户学会发朋友圈也好,不管做什么,肯定都要有一套方法,哪怕这套方法还不足以成为一门课程。

课程的难点在于它比较作品化，我们可能要把课程分为 5 个模块，一共 30 节，每节课还有 4000 字的文字稿。这可能对很多人来说都有点困难，但如果只把课程设置为一套方法，就会简单一些。比如教大家找对标账号，可以不把它写成一节课，而是用几百字描述清楚怎么做就好，这样我们的心理压力就会小一点；带大家减肥，可以简单讲清楚碳水化合物、蛋白质、脂肪、蔬菜怎么配比、怎么吃，不必上升到课程的高度，这样也会更容易一些。

如果上升到课程的高度，就需要有一定的理论支撑，要非常系统地给大家讲清楚，这可能有点困难；但如果只是给一套方法，那么只要把方法表述清楚就可以了，难度会小一点。如果没有一套方法，我们就没有办法做训练营。

当然，方法有难易之分，越简单的训练营，其方法也越简单。比如我们开一个训练营带着大家读书，21 天读 7 本书，读完后让大家回答一个问题，这类训练营对方法的要求就比较低；或者带着大家减肥 21 天的训练营，其方法也比较简单，无非是怎么吃、怎么运动、怎么休息，大概需要五六个点来讲清楚，剩下的就是要求大家每天按照我的方法做。但是像我的"21 天写作训练营"，其对方法的要求就比较高，用户要学习怎么做选题、取标题、找素材等技能，每一个技能都需要有对应的方法。所以，我们如果不太擅长做课程，就可以做带着大家反复做一件事情的训练营，比如带大家减肥、读书的训练营，这种训练营对方法的要求比较低。

五、设计一套作业

一个训练营里必须要有一套作业，这非常重要。前面讲的定义成果和定义目标人群，更多的是针对训练营的规划，但对于用户来说，他获得体验和做出行动的核心是作业。对用户来说，作业可能是训练营里最重要的部分，因为真正让用户行动的就是作业。

设计一套作业，基本上包括以下两个方面。

（一）设计具体作业

首先，作业要匹配方法论进行设计。一项大的能力由一项项具体的能力构成。比如我要带着大家训练"写作"这项大能力，大能力下面又分为很多项子能力，我们在训练营里每天训练一个子能力，每天的作业就要与训练子能力的方法论相匹配。

其次，作业要匹配用户真实的行为路径。我们设计7天实战营，从某种程度上来说就是在匹配用户真实的行为路径，模仿现实里用户怎么做一件事，进而规划具体的作业内容。比如7天"爆款"短视频实战营的作业，第一步是研究"爆款"短视频，第二步是确定自己的文案和图片，第三步是打磨出第一个版本的短视频，等等。这些是用户在做一个"爆款"短视频时的真实行为路径，我们就根据这样的行为路径来设计具体的作业。用户的行为路径具体怎么划分取决于训练营要做多少天，如果一个训练营要做7天，我们就把用户的行为路径划分成 7 个部分；如果是 21 天的训练营，我们就把这条行为路径拆成 21 个部分。

以上是两个设计作业的核心逻辑。另外，训练一项能力、解决一个问题或者达到一个目标，本身就是环环相扣、循序渐进的，到训练营的最后阶段用户刚好取得相应成果。所以，我们设计作业也要环环相扣、循序渐进，到训练营快结束时使用户完成一整套方法论的练习和最终结果的输出。比如 7 天"爆款"短视频实战营的最后一次作业是用户把短视频做好并发布出去，7 天定位实战营的最后一次作业是每个人把自己的定位确定下来。

（二）给用户行为指南

在设计作业时，一定要给用户设计一份相应的行为指南，这一点非常必要。

以我的 7 天"爆款"短视频实战营为例。第一个作业是研究、学习其他"爆款"短视频。用户提交的作业有两部分：第一部分，描述想学习、借鉴的短视频是账号，短视频的主题和点赞量；第二部分，反复观看三遍后，总结出短视频火的原因。第二个作业是准备主题、文案、图片。用户提交的作业有三部分：第一部分，描述自认为最有机会做出"爆款"的短视频主题及理由；第二部分，确定视频文案；第三部分，提供准备的图片。

用户参加训练营是要行动的，他行动时一定希望有一份行为指南，这样才能更好地行动，因为用户即便学会了方法可能也不知道具体应该如何执行。那这份行为指南怎么制订？最好的方法不是想象，而是还原真实场景，即思考某件事在真实场景里是怎么做的，把它分步骤地列出来，然后让用户也这么做。比如我自己把"一个普通男孩的10年"这条视频的步骤还原出来并分享给大家，让大家也这样做。

到这里，我们基本上就能把具体作业设计出来，它主要包含三个方面。

第一个，定义，相当于作业说明。以我的"爆款"短视频实战营的一次作业为例：想做出"爆款"短视频，最好的办法就是先拆解"爆款"短视频。瑞·达利欧说过一句话："你想得到一样东西，最好的方法就是找到已经得到了这样东西的人，看他们是怎么得到的。"所以想要做出"爆款"短视频，最好的方法是找到同类的"爆款"短视频进行拆解。

我们在让用户做作业时不应该采用强制性的方式，而应让用户真正理解做作业的价值，真正从内心认可和理解做作业的重要性，这样他才能更容易接受作业，也更有意愿去做，否则就可能会抗拒，或者不太能清楚地认识到做作业的意义。

第二个，作业的格式。一份好的作业应该有明确的格式，比如需要多少张图片，文案需要多少个字，等等。

第三个，作业的注意事项。如果有一些需要用户注意的点，我们也要列出来，比如作业用时的建议等。注意事项通常从哪里来？

我们可以想想自己在训练这项能力、完成这次作业的过程中，在哪些地方出现过问题，把这些问题提炼出来就可以形成注意事项。

另外，关于作业难度，很多人有一种错误认知，即为了提高作业的打卡率和完成率，或者不想让用户觉得作业太难，就觉得作业应该出得比较简单，最好 20 分钟就可以完成。这样虽然可以降低用户的畏难心理，但从某种程度上来说，这种做法不是特别对。因为我们做的是训练营，用户是来学习和提高技能的，不是来享乐的，如果他轻松地度过在训练营的日子但是没有得到实际成果，反而会不开心，觉得自己学完没有什么改变。

我们在训练营开始时应告诉用户来到训练营就要认真对待，每天要拿出 1～2 小时来学习课程、完成作业，如果用户连学习时间都保证不了，那么这个训练营也难以形成积极学习的氛围，最后用户也不会有什么成果。所以在设计作业时，我们要大胆地把作业难度和对完成作业所需时间的要求提上来，这样，用户坚持完成了作业之后反而会感谢我们。因为虽然在完成作业的过程中他们很痛苦，但是他们最终真的学到有用的有用的东西了。

作为训练营的出品方，我们不希望用户第一天就感谢我们，因为这说明作业很简单；我们应该希望用户最后感谢我们，因为他真的学到东西了，我们甚至希望他过了半年、一年之后再感谢我们，希望他觉得正是因为之前被"折磨"了一段时间，现在自己才能够变得这么好。市面上有一些训练营的老师会带用户一起玩，用户参与这种训练营的时候确实觉得每天和大家一起玩很开心。但是过了一段时间之后，用户再回想，就会发现什么都没学到，反而会抱怨那个老师。

当然，在训练营一开始的时候我们就应该告诉大家，想要来学习就要做好吃苦的准备、可能熬夜的准备等。心理学上有一个说法：谁让你痛苦过，你就会记得谁；谁让你"受虐"过，你就会记得那份体验。大多数人在军训的时候很痛苦，但是军训过后又都非常怀念军训的时光。就好像我们在高三时特别痛苦，但是我们往往很怀念高三那段时光，那时大家为了一个梦想、目标而努力，互相加油打气。

我相信用户参加完一期我的"新媒体变现圈"的实战营，将来回忆起那段时光，也会觉得那是一段很美好的成长历程。

六、组织一个团队

我们做训练营需要组织一个团队。导师大概率就是我们自己，另外我们还需要运营官。运营官可能只有一个人，他既负责统筹又负责执行，也可能有两个人，一个人负责统筹，另一个人负责执行。

除此之外，还要有助教。助教主要负责辅导大家做作业，用户在做作业的过程中遇到任何问题都可以问助教。比如我的"30天高阶写作变现营"要求用户完成一篇长文写作，整个过程中要定选题、定框架、写初稿等，用户随时可以找助教讨论、咨询。

我们一定要选有经验的助教。事实上，助教往往是决定训练营口碑的关键因素，因为导师没有办法同时服务二三百人。

下面分享一下我的助教配置。我的"21 天写作训练营"有五个助教，一期训练营有 200 ~ 300 个学员，每个助教服务 40 ~ 60 个学员；"30 天高阶写作变现营"每期只有 100 多个学员，也配备了五个助教，每个助教服务 20 ~ 30 个学员。因为"30 天高阶写作变现营"重在帮助学员取得强成果，所以助教的服务更重要，每个助教服务的人数就少一些。

接下来是确定运营团和班长，运营团执行整个服务流程，班长根据运营团的安排在学员的实践过程中做一些辅助。

此外，我们可能还需要邀请嘉宾针对某项能力或者自己的经历等给学员做分享。

其他方面的内容，包括整个团队怎么搭建、每个人负责什么、具体的工作流程等，大家在实操时可以参考一下我的一些设计，或者参考市面上其他跟自己要做的定位比较相似的训练营的设计，最好能去体验一下。

第七节

出书：个人 IP 变现，为什么一定要出书

对于想做个人 IP 的人来说，出书是一件特别重要的事情。如果想做好个人 IP 的流量增长与变现，我建议大家一定要出书。本节总结了出书的七个价值。

一、出书可以获得版税

很多人觉得出书赚不了多少版税，其实不是。像我的《学会写作》这本书，2019 年 6 月出版，到 2021 年已经获得了超过 50 万元的版税。50 万元不是个小数目，而且从另外一个角度来理解，出书获得版税这件事有三个特别大的优势，具体如下。

（一）版税是被动收入

出书这件事需要投入的只有写作的时间，作者写完之后将文稿交给出版社，基本不需要再做投入，因此版税相当于把一段时间的付出重复利用 1 万次、10 万次所获得的收入。

（二）畅销后有机会获得更多版税

能写出畅销书的作者不一定非要有非常大的影响力。一位全网只有 10 万粉丝的作者一样有机会写出畅销书。一本书能不能成为畅销书跟一篇文章能不能成为"爆款"文章一样，有很多影响因素。

另外，一本书出版之后，出版社的营销编辑也会想办法推广它。营销编辑推广一本书跟我们新媒体作者写一篇文章是一样的，书和文章能不能火都有偶然因素。营销编辑可能偶然做了什么营销动作就让一本书火了，就像我们偶然做了某个选题、追了某个热点，就让一篇文章火了一样。

《认知觉醒》这本书刚出版的时候，营销工作做得就非常好。营销编辑在知乎上找了很多达人以在相关领域回答问题的方式去推广这本书，让这本书的热度变得很高。热度高了后，销售平台上每天源源不断地有人搜索下单，很快就把这本书推到了热销榜的前几名。一本书一旦上了热销榜，营销编辑就会继续推广，这就实现了良性循环，使得书的热度越来越高，销量越来越好。

所以，一本书能不能卖"爆"，有很多因素，不一定是作者的影响力大、粉丝多，书才能卖得多；也不一定是作者的影响力不大，粉丝没有那么多，书就卖不了多少。

这有点像抖音的算法，我们在抖音上发布一条短视频，平台最初可能给我们 500 流量；如果点赞量、评论量比较大，平台就会再给我们 5000 或者 50000 流量；如果数据表现还是很好，平台就会继续给我们更多流量。其实书的销售也是这样，全国各地的书店，还有淘宝、京东、当当、拼多多等电商平台，都是书的销售渠道。如果一本书第一次发售后卖得很好，那么接下来出版方就会加大力度做更多推广。

所以，即便我们自身的影响力不大，但只要书的质量足够好，它就有机会成为畅销书。或者书名和话题刚好与当下的热点话题有关或符合人们的需求，这本书也有可能卖"爆"。

（三）持续收入比较可观

一本书如果卖得好，就有机会变成经典书，一直长销。经典书跟畅销书不一样，很多畅销书都是火了一两年后，到第三年、第四年就慢慢淡出了人们的视野，很少有人再买，但是经典书会持续畅销很多年。

比如《人类简史》是 2012 年出版的，到现在已经 11 年了，这本书依然卖得非常火爆；再比如古典老师的《拆掉思维里的墙》，于 2010 年 9 月出版，到 2021 年 6 月已经累计销售 420 多万本。持续畅销的这十几年里，这本书一直在给古典老师创收。

很多人觉得出书不赚钱，其实不然，如果我们能出一本好书，甚至可以靠它吃一辈子。我现在不盼着自己一年出一本书，而是希望做好时间管理，把接下来想写的几个话题打磨好，出一本经典书。

二、书可以给其他渠道引流

很多人出书并不是为了赚钱，而是为了引流。书是一个非常好的引流渠道，可以给很多产品和服务引流。大家平时在书里看到的一些二维码，本质上大多是在给其他渠道引流。

（一）用书作为引流渠道的两大优势

1. 出版社用它的资源帮我们拓展用户

用书来引流，本质上是出版社帮我们引流。这样一来，一方面，我们不需要额外投入资源，书在销售过程中就会源源不断地给我们带来流量；另一方面，如果我们本身的影响力不够大，流量拓展能力比较弱，用书引流相当于出版社用它的渠道帮我们拓展用户。

2. 成本相对比较低

书的价格不高，所以用书来引流，很多时候比较划算，尤其是当我们的产品的客单价比较高、利润比较高的时候。而且书是一个实实在在的东西，大家也比较愿意买，用书引流、转化的效果会比较好。而且作者通常会以较低的折扣采购自己的书，然后再将书分发到用户手里做推广，这相对于其他的推广方式成本已经算比较低了。

一些培训机构通过百度竞价或者公众号广告投放来获取用户，单个用户的获取成本很多都超过了 100 元。所以对比下来，用书来引流还是很划算的。

关于用书引流，我给大家分享一个案例。有一位出版人叫邢海鸟，他曾经有一个客户是做情感咨询、情感挽回项目的。这种项目一是客单价很高，差不多都要上万元的费用；二是用户购买决策难，需要积累信任，所以获取用户非常难，成本很高。后来这个客户想了一个办法——通过出书来引流。一方面，书的价格比较低，获取的用户比较精准，但凡买这本书的读者，很可能本身就存在这方面的问题；另一方面，书也有助于积累用户的前期信任，用户看了他写的书之后，对他的专业程度也有了更清楚的了解。后来作者通过这本书带来的流量养活了整个咨询团队，其公司的业务也做得很好。

（二）用书引流的几种常见路径

1. 给公众号引流

在所有内容平台中，公众号的粉丝依然是非常有价值的。如果我们有自己的公众号，可以在书中放一个公众号的二维码，并设置一些"利益钩子"来引导大家关注。

比如我在《学会成长》这本书里就放了我的公众号"粥左罗"的二维码，并且根据书里的内容设置了不同的"利益钩子"，比如"扫码关注公众号，回复'成长'，即可获得一份全书精华 PPT""扫码关注公众号，回复'优惠券'，即可获得课程大额优惠券（读者专属超值福利）"等。2021 年 10 月，我粗略地统计了一下，《学会成长》这本书从 2020 年 6 月出版到 2021 年 9 月这段时间里只设置了四个关键词，带来的新增粉丝差不多有 9000 人。这本书在这段时间的销量大概是 3 万册，转化率其实非常高。当然，这只是粗略的估计。

总的来说，通过书给公众号引流，是一种非常可行并且效果很好的方式。

2. 给微信私域引流

前文说过，在各个平台中，公众号的粉丝是非常有价值的。事实上，还有一种粉丝也很有价值，即私域流量。私域流量的连接深度大、变现效率高。把私域流量做好，我们的变现成果会更好。

《学会写作》若再版，我就会在书中加入自己的个人微信号，这本书上市之后，我可能会送一些给精准的目标用户。我会在各大社群里送，一本书的成本是 20 多元，我拿 20 多万元的预算送出 1 万册，就有机会得到 1 万个精准用户。这 1 万个人里，能有几百个人买我的社群或者其他的课程，就可以覆盖掉成本。所以，这是一种很好的思路。

私域流量到底有多重要？我给大家举个例子。我们最近在参加视频号官方的直播活动，叫"年货好物节"。我们参加这个活动，平台会给我们送"钱"，就是我们每一次开播，平台就会送给我们 1 万的单场观看量。比如说，平时 5000 的单场观看量我们能获得 1 万元的收入；现在，平台给我们送 1 万的单场观看量，相当于送了我们 2 万元。

当然，有时平台送的流量不是那么精准，但不管怎么说，这就基本等于直接送钱。但平台送流量有一个要求，需要我们提报私域粉丝量。因为平台会根据我们的私域粉丝量给我们送数量相当的流量。

这种时候如果你有私域流量，平台就会给你额外的流量扶持；如果你没有私域流量，就会很吃亏。所以，我们从这个例子也能看得出来，现在平台非常重视主播的私域流量，至少在我看来，视频号的官方希望我们多用私域流量去做直播的热启动。

3. 给社群引流

如果我们有自己的社群，也可以把社群的购买二维码放在书中给社群引流，训练营也是一样，但需要注意的是，要尽量放客单价比较低的产品的二维码，不要放客单价太高的产品的二维码。

我最开始出版《学会写作》的时候其实犯了一个错误，当时放在书中的二维码是关于客单价接近1000元的"21天写作训练营"的，结果转化的效果很差。

为什么在书中要放客单价低的产品的二维码呢？因为书出版之后是在全网、全国各地销售的，很多买书的读者之前并不认识我们，对我们不够了解、不够信任，所以很难直接下单购买高客单价的产品。从引流的角度来说，在其他因素不变的情况下，肯定是产品的客单价越低，转化效果越好。比如我们有一个9.9元的"7天写作训练营"，它的转化效果一定比799元的"21天写作训练营"好很多，因为前者的价格很低，用户更容易直接购买。

通过这样一个引流产品，先让更多人认识你，慢慢了解你，越来越信任你，他们之后才会愿意购买你的高客单价产品。

三、书可以作为一种营销工具

我们要做个人 IP、做流量增长与变现，少不了要做一些营销活动，这个时候就需要一些物料和营销工具，书就是一个很好的选择。

比如 2020 年我出版了《学会成长》，出版之后我就用书搭配着卖"个人爆发式成长的 25 种思维课"，我为这两个产品的组合做了 3 天直播，最后减去各种成本，3 天的销售利润大概是 15 万元。这在当时经验不足的情况下算是不错的成绩，如果放到现在来做，肯定比当时的成绩更好。

下面分享几种比较典型的以书作为营销工具的方式。

（一）买课送书

如果我们有一门 99 元的音频课，还有一本原价为 59 元的书，那我们就可以做一个买课送书的活动来促进销售。用户单独买课需要 99 元，单独买书折后通常也需要 30 元，加起来是 129 元，那我们可以用 109 元的价格将它们一起卖给用户。

（二）买书送课

除了买课送书，也可以反过来，做买书送课的活动。比如我们做签名书，按照原价每本 59 元销售，一次购买两本就可以送一门价值 99 元的音频课，这样用户用 118 元就可以买两本签名书和一门音频课。

当然这里都是举例子，大家可以用自己的方式去组合。

（三）买书送共读营

买书送共读营是指以 59 元的价格将书卖给用户，用户买了之后可以免费参加我们的 7 天共读营，7 天之内我们会带着用户把这本书读完，并做一些答疑。用户一般会踊跃加入，这样我们既获取了用户，书也卖出去了。

如果我们的目的就是获取用户，那也可以直接按照优惠价销售，买书送共读营的核心是通过共读营把用户变成我们的私域流量，后续使其转化，从而促进高客单价的产品的销售。

（四）赠书宣传活动

很多公司在出了新品之后，会送给相关领域的达人，达人可以将这些产品用作粉丝互动环节的奖品，也可以分享自己的使用体验等，其目的是扩大产品的传播范围。这种方式用在书上也同样合适。

比如我出了一本书，就可以给那些有一定影响力的达人送一定数量的书，借用他们的影响力来扩大该书的传播范围，为其销售增加热度。

2020 年，我出版了《学会成长》之后也给"生财有术"送了 300 本，因为他的社群里面有很多高净值的用户，他们有一定的影响力，可以帮我扩大传播范围。我觉得接下来我要继续做这件事，在书再版之后，可能会送出 1000 本。有人认为，送 1000 本书就有 3 万元的成本，看起来很高，但是我们换个角度想，这相当于我们用 3 万元触达了 1000 个非常有影响力的人，这些人中的每个人都可能再帮我们触达成百上千人。

我们如果给别人送礼，几十元的东西通常是拿不出手的，但是精心挑一本好书送给对方，他收到后往往会很开心。

所以，书其实是一个非常好的营销工具。

四、出书是一个人影响力的证明

做个人 IP，除了作者本身要有实力，还要有一些外化的东西来证明你有实力。出过书、得过将、被某个机构评选过某个称号，这些都是影响力的外化证明。

有了这些，你才能用最快的速度把自己的实力展现给不同的用户，在最短的时间内让用户建立对你的信任。在使影响力外化的方式里，出书是非常有效的一种。

所以，我们如果想要做个人 IP，想通过个人 IP 变现，出书是一件非常有必要的事情，它能很好地证明你有一定的影响力。

五、出书可以帮你深度连接用户

想要影响一个人，最重要的就是影响他的精神世界。所以打造个人 IP 最重要的就是让你的输出变成别人的输入，这样你对别人的影响就会根深蒂固。

读者看一篇文章可能只用 10 分钟，记几个知识点就结束了，这样作者产生的影响是比较浅层的；但读者看完一本书就相当于了解了书中的一整套知识体系，其受到的影响程度跟读文章是完全不同的。

出书是一个深度连接用户、让用户全面了解你的机会。

比如李筱懿、王潇，我们会发现她们的用户黏性比较强，这里面出书其实起了很大的作用。她们基本上每年都会出一本书，她们出书的目的不是赚钱，而是深度连接用户。

大家一定要明白的一点是，用一本书来影响他人跟用几条短视频或者几篇文章来影响他人是完全不一样的。如果有一个人完整地看过你的一本书，他可能这辈子都记得你。

所以，对于一个想要打造个人 IP 的人来说，出书是非常好的深度连接用户的途径。

六、出书是一次成体系的输出

对某个领域的很多东西都有所积累后，出书可以帮我们把这个领域的所有积累进行成体系的输出。

我们想成为某个领域有一定影响力的个人 IP，就得有自己创造的一套理论，而不是只有一个个零散的知识点。一方面，我们有自己的一套理论时，别人对我们的认可度会更高。另一方面，我们如果有一套理论，在给别人讲课或者是解答各种问题的时候，基本上就可以游刃有余地解决。

七、出书可以给我们带来很多资源

出书可以给我们带来很多资源，下面简单分享两种。

首先，很多内容平台，如抖音、小红书、视频号等，会跟出版社建立合作，每隔一段时间会跟出版社要书单，了解最近有哪些作者出了哪些书，然后邀请这些作者入驻平台，给他们一些流量或者其他资源上的扶持。一个普通人在小红书上注册了账号，可能费劲做很久也没多少浏览量，但如果我们出过书，平台会给流量扶持，我们就有较大可能把账号做起来。

其次，我们更有可能得到一些公开演讲或者内部分享的机会。很多企业，尤其是大一点的企业，都会有专门的培训部门，每年有一定的预算用于邀请各个领域的资深人士给员工做分享和培训。我们如果出过书，就更容易得到这样的机会。

以上是两种比较常见的资源，还有一些其他可能因出书而获得的资源，这里就不一一列举了。

总之，我们出了一本书后，往往就有机会得到很多资源。